PUNTO DE VISTA

PASO AL BACHILLERATO

CUADERNO DE COMPETENCIAS Y EJERCICIOS

Dein **Cuaderno** findest du auch in der **Cornelsen Lernen App**:

- alle Audios
- für diese Aufgaben findest du **Lösungen** in der App

Cornelsen

PUNTO DE VISTA

PASO AL BACHILLERATO

Lehrwerk für den Spanischunterricht
Cuaderno de competencias y ejercicios

Im Auftrag des Verlages erarbeitet von:
Matthias Daum und Sebastian Frese

Redaktion Spanisch: Dr. Martin Fischer, Heike Malinowski (Projektleitung)
Technische Redaktion: Laurence Aubineau

Umschlaggestaltung: Ungermeyer grafische Angelegenheiten, Berlin
Layoutkonzept: graphitecture book & edition
Technische Umsetzung: Straive

www.cornelsen.de

Die mit einem Stern* gekennzeichneten Texte sind aus didaktischen Gründen gekürzt.

1. Auflage, 1. Druck 2023

Alle Drucke dieser Auflage sind inhaltlich unverändert und können im Unterricht nebeneinander verwendet werden.

Druck: Athesiadruck GmbH

ISBN 978-3-06-021571-3

PEFC-zertifiziert
Dieses Produkt stammt aus nachhaltig bewirtschafteten Wäldern
PEFC
PEFC/18-31-166
www.pefc.de

Tabla de contenidos

Competencias

Dosieres

Auf den folgenden Seiten trainieren Sie die Kompetenz Leseverstehen und erhalten somit „Rüstzeug“, um auch komplizierte und auf den ersten Blick weniger verständliche Texte zu verstehen.

Estrategias para comprender textos

Hay diferentes estrategias para comprender un texto. Las puedes aplicar antes de leer, mientras lees y después de leer. Es especialmente útil:
- formar «islas de comprensión», es decir, concentrarte en lo que ya entiendes;
- subrayar de manera estratégica: no todas las palabras son esenciales para la comprensión;
- deducir las palabras desconocidas con la ayuda del contexto o de otros idiomas.

1 Antes de leer **El siguiente texto es un fragmento de un artículo periodístico. Basándote en el título (a la derecha), apunta en un mapa mental tus asociaciones sobre lo que podría tratar el artículo.** ▸ Antes de leer, p. 164

¿Por qué los jóvenes españoles se independizan tan tarde de sus padres?

2 Durante la lectura: **Lee este fragmento del artículo y subraya todo lo que entiendes. Si entiendes una frase por completo, aunque no entiendas todas las palabras, subraya toda la frase.**

En 2020, ni siquiera un 16 % de los jóvenes españoles de entre 16 y 29 años se había emancipado de sus padres, es decir, que podía vivir de sus propios medios. Fue el punto más bajo de una evolución que había empezado en 2007, cuando la emancipación juvenil todavía llegó al 26 %. Pero ¿por qué acabó bajando tanto?

Según los analistas, se debe a varios factores. La situación de los jóvenes en España depende sobre todo de dos variables: el mercado laboral y el mercado inmobiliario. El paro juvenil en 2020 subió a un 30 %. Más de la mitad de los jóvenes con trabajo solo tenían contrato temporal, o sea, no se encontraban en una situación laboral segura. De promedio ganaban menos de 1000 euros al mes, o sea, eran «ni-mileuristas» y tenían muy pocos recursos económicos. Quien quería vivir solo tenía que pagar un alquiler equivalente al 90 % de su sueldo. Esto explica por qué los jóvenes españoles están entre los últimos en Europa en abandonar el domicilio familiar e independizarse.

3 Deducir el vocabulario **Puedes entender algunas de las palabras desconocidas gracias a otros idiomas o teniendo en cuenta el contexto. Relaciona las palabras alemanas e inglesas con las palabras del texto.**

1. to abandon a place (*engl.*)
2. Immobilienmarkt
3. on average (*engl.*)
4. Ressource
5. to live by their own means (*engl.*)
6. Faktor
7. independent (*engl.*)
8. Emanzipation
9. Evolution/evolution (*engl.*)

a. de promedio
b. el recurso
c. la emancipación
d. abandonar el domicilio familiar
e. la evolución
f. vivir de sus propios medios
g. el mercado inmobiliario
h. el factor
i. independiente

4 Después de leer: **Con ayuda de los ejercicios 1 a 3, presenta ahora en pocas frases de qué trata el texto.**

Tarea: Para entrenar la comprensión global, realiza la tarea siguiendo las instrucciones **1a–d**.

1 a **Fíjate en la forma del siguiente texto y di de qué tipo de texto se trata.** ▶ Comprensión global, p. 164

JORGE	Bueno, me encanta estar en la playa todo el día sin hacer nada. Desconectar, relajarme, leer un buen libro o escuchar música con los auriculares puestos, disfrutar del sol –no puedo imaginar nada mejor para mis vacaciones. ¡Y que no me molesten!
ANA	Hola a todos. Bueno, durante mis vacaciones necesito deporte, actividades, diversión. Me volvería loca si no hiciera nada. No me puedo quedar en un solo lugar todo el día. Me gusta pasar las vacaciones en las sierras, escalando en verano o esquiando en invierno –lo que sea, ¡pero siempre activa!
JOSÉ	¿Qué tal? En las vacaciones siempre me voy a otra parte, no me quedo en casa. Suelo viajar a otros países o a grandes ciudades porque me encanta mirar tiendas y comprar ropa. Algunos de mis amigos dicen que eso es tonto, pero a mí me encanta. Es que yo soy así y dinero no me falta.
MARTA	Hola. Mi pasión es el arte: la pintura, la fotografía, el teatro. Para ver todo lo posible, me gusta viajar a lugares distintos, pueblos o ciudades –¡no importa!– lo importante es tener tiempo para visitar iglesias, óperas, galerías de arte y los mejores museos del mundo.
JAVI	Soy una persona religiosa. Aprovecho las vacaciones para llegar a la paz. Me gusta hacer recorridos a pie –solo o con algún amigo– como el Camino de Santiago: Es lo mejor para escapar del estrés y encontrarte a ti mismo. Miras la belleza del paisaje y te relajas.
NAGORE	¡Hola a todos! Sé que no es la forma más ecológica de viajar, pero yo soy una aficionada de los grandes barcos. En diez o quince días visitas muchos lugares diferentes. Además, es increíble lo que hay en esos barcos: restaurantes, tiendas, cines, piscinas – ¡de todo y para todos los gustos!
CARLOS	¡Hola! No necesito pasar las vacaciones en la naturaleza porque vivo en un pequeño pueblo: allí tengo suficiente naturaleza y tranquilidad. Me gusta viajar a las grandes metrópolis y ver la vida urbana para estar con gente y pasármelo bien.
SUSI	¿Mi forma preferida de viajar? Sobre dos ruedas[1] y con la fuerza de los músculos[2], y siempre en movimiento. A veces te cansas, pero llegar a un lugar en la montaña o a cualquier punto algo lejos es maravilloso, sobre todo cuando te lo has ganado tu misma.

1 **la rueda** das Rad 2 **el músculo** der Muskel

b Lee todo el texto y di cuál es el tema central. ______________________

c **Vuelve a leer todo el texto y marca en cada testimonio la información más importante con referencia al tema central del texto. El primer testimonio te sirve de ejemplo.**

d **Apunta el nombre de cada persona al lado del tipo de turismo que corresponde a sus gustos.**

1. viajar de peregrino ______________
2. hacer turismo de sol y playa ______________
3. viajar en bicicleta ______________
4. viajar a ciudades ______________
5. viajar por el mar ______________
6. viajar a las montañas ______________
7. hacer turismo cultural ______________
8. viajar e ir de compras ______________

Tarea: Tienes que relacionar afirmaciones con la información de un texto. Sigue las instrucciones.

1 a Lee este texto sobre el español en el mundo.

El español está de moda. Está aumentando el número de personas en el mundo que se ponen a estudiar ELE, es decir, aprender español como lengua extranjera: ahora son ya más de 24 millones. La historia, la cultura, la comida, la música de los países de habla hispana son solo algunos de los puntos de interés de ese grupo creciente de personas.

En 2021, unos 500 millones de personas tenían el español o castellano como lengua materna. Esto significa que el español es la segunda lengua materna en el mundo, detrás del chino mandarín.

Desde hace décadas, la proporción de nativos en español sigue creciendo. Se cree que alrededor de 2060, una cuarta parte de la población de Estados Unidos será hispana. Así, en 40 años, EE. UU. será el segundo país con más hablantes de español, después de México con 125 millones de nativos de español.

Casi 100 millones de personas más en todo el mundo saben comunicarse en español. Con ellos, los hablantes de nuestra lengua llegan a prácticamente seiscientos millones, lo que corresponde al 7.5 % de la población mundial.

Sin embargo, este porcentaje irá a la baja porque la población mundial en general aumenta más rápido que la parte proporcional de los hispanohablantes.

De todos modos, el español es un idioma de gran proyección internacional – ¡y tú formas parte de nuestra comunidad!

Fuente de los datos: El español en el mundo, Instituto Cervantes (2021)

b Lee las frases 1–7, busca las frases en el texto que expresan lo mismo y márcalas con los números correspondientes.

1. Cada vez hay más personas en todo el mundo que aprenden español.
2. En el mundo casi 600.000.000 de personas saben hablar español.
3. En el futuro, solamente habrá un país con más personas hablando el español que EE. UU.
4. Los hablantes nativos del español son poco menos de quinientos millones.
5. El número de personas que tienen el español como lengua materna es cada vez más alto.
6. El español es muy popular en el mundo.
7. Solo hay un idioma con más hablantes nativos en el mundo.

Tarea: Sigue las instrucciones **1–3** y entrénate para comprender un texto complicado.

1 a Lee el texto y subraya todo lo que entiendes.

Hispanoamérica, Iberoamérica, Latinoamérica.

'Hispanoamérica' es el término adecuado para referirse al conjunto de países americanos que hablan español; se trata de una comunidad político-lingüística en la que nuestra lengua posee rango nacional y oficial. Algunas de estas naciones, además del español, poseen otra lengua oficial, pero son minoría: el guaraní en Paraguay y el inglés en Puerto Rico.
También la palabra 'Iberoamérica' está semánticamente bien delimitada; hace referencia a los países de aquel continente que hablan lenguas iberorrománicas. Aquí, dejando aparte el español, solo se da el caso del portugués, de manera que se habla de Iberoamérica cuando se quiere incluir a Brasil.
‹Latinoamérica›, en cambio, palabra inventada por los franceses hace ya varias décadas, tiene un contenido semántico algo confuso. Se supone que vaya dirigida a las naciones de América que hablan una lengua neolatina, francés incluido, naturalmente.

Fuente: Humberto López Morales, *La aventura del español en América.* Madrid, p. 149 (2005)

b Compara tus resultados de la tarea 1a con tu compañero/-a. Después revisad el texto otra vez juntos y marcad en otro color las palabras que todavía no entendéis. Pensad en lo que podrían significar esas palabras.

2 a Formula hipótesis sobre el significado de las siguientes palabras subrayadas.

1. «se trata de una comunidad político-lingüística en la que nuestra lengua posee rango nacional y oficial»

«poseer» significa: ______________________________

2. «También la palabra ‹Iberoamérica› está semánticamente bien delimitada»

«delimitado» significa: ______________________________

3. «tiene un contenido semántico algo confuso»

«contenido semántico confuso» significa: ______________________________

b Explica en español las otras palabras que habéis marcado en el ejercicio 1b. ► Utilizar un diccionario, p. 181

____

____

____

____

c Habla con tu compañero/-a sobre las estrategias que habéis usado para explicar las palabras desconocidas.
► Deducir vocabulario, p. 180

3 Relaciona los términos con sus explicaciones correctas según el texto. Hay una explicación que no se usa.

a. Hispanoamérica
b. Iberoamérica
c. Latinoamérica

1. Conjunto de países en los que se habla una lengua que viene del latín.
2. Conjunto de países con el español como idioma oficial.
3. Conjunto de países en los que se habla un idioma indígena.
4. Conjunto de países en los que se habla portugués o español.

Tarea: Tienes que relacionar testimonios de estudiantes españoles sobre sus experiencias durante su estancia en el extranjero con afirmaciones sobre lo que dicen. Realiza la tarea siguiendo las instrucciones.

1 a Lee lo que dicen los estudiantes y subraya lo que afirman sobre sus experiencias en el extranjero.

▶ Comprensión selectiva, p. 164

Experiencias ERASMUS

Aprovecha todas las oportunidades que te dé la vida, el Erasmus es una experiencia que te hará salir de tu zona de confort, al principio será complicado, pero te hace progresar y crecer tanto personalmente como profesionalmente. Recuerda cuánto más complicado sea, luego la recompensa será mejor, ¡vete y arriésgate!

Estudiante de Comercio y Turismo en University of Nicosia, Chipre. Curso 2020/21.

Me fui de Erasmus encadenando experimentos fallidos, con la consiguiente desmotivación que eso conlleva, y fue gracias a ese cambio de ambiente, conocer gente increíble de diferentes partes del mundo y olvidarme de los problemas que dejaba en Madrid, lo que me hizo recobrar energía para seguir adelante con el doctorado. A día de hoy... ¡no veo la hora de volver!

Estudiante de Bioquímica de prácticas en MERLN Institute for Technology, Maastricht, Paises Bajos. Curso 2020/21.

Para mí la experiencia Erasmus fue absolutamente transformadora. Viví en Rovaniemi, capital de la Laponia finlandesa. Me sentí ciudadana del mundo conociendo personas de muy diferentes nacionalidades que me enseñaron su cultura. Disfruté de la naturaleza como nunca antes al vivir rodeada de ella y descubriendo el invierno con nieve. Hice grandes amigos y aprendí a valerme por mí misma. Recomendaría la experiencia Erasmus a todo el mundo.

Estudiante de Educación en University of Lapland, Finlandia. Curso 2020/21.

Siempre había escuchado la típica frase de que el Erasmus te cambia la vida, no me la creía del todo. Después de irme cinco meses a Polonia, he comprobado que era verdad. Ha sido la mejor etapa de mi vida.

Estudiante de la Facultad de Educación en Akademia Ignatianum w Krakowie, Polonia. Curso 2020/21.

Si estás pensando en irte o no de Erasmus, vete. No lo pienses ni un segundo, porque te prometo que vas a pasar un año inolvidable en el que conocerás a muchísimas personas, otros modos de vida, otras culturas... y vivirás fiestas, viajes y momentos inolvidables.

Estudiante de Económicas en ISM University, Lituania. Curso 2020/21.

Fuente: Universidad Complutense de Madrid, Experiencias de Estudiantes Erasmus (2021)*

b Lee las frases a.–g. de abajo y formula hipótesis: ¿Con quién podría relacionarse cada frase? Sobran dos frases.

c Si es necesario, vuelve a leer lo que dicen los estudiantes y luego relaciona las personas con las frases.

1. La persona que estuvo en Chipre dice que
2. La persona que estudió en los Países Bajos afirma que
3. La persona que estuvo en Finlandia constata que
4. La persona que estuvo en Polonia resume que
5. La persona que estudió en Lituania piensa que

a. el cambio de lugar de estudios la motivó.
b. el Erasmus le cambió mucho.
c. el comienzo puede ser difícil.
d. hacer un Erasmus es una experiencia que no se olvida.
e. el dinero ayuda mucho a hacer el intercambio.
f. el Erasmus es lo mejor que ha vivido.
g. el sistema de Erasmus está transformándose.

1	2	3	4	5
___	___	___	___	___

Tarea: Tienes que completar los informes de estudiantes españoles sobre sus experiencias durante su estancia ERASMUS con las palabras que faltan. Realiza la tarea siguiendo las instrucciones.

1 a Lee lo que dicen los estudiantes e imagina qué palabra podría ir en cada espacio vacío. Apúntala con lápiz.

mauritius images/alamy stock photo/Rolf_52

Aquel día tomé la mejor decisión de mi vida: irme de Erasmus. Ha significado un ____________________ en mi vida, me ha hecho abrir los ____________________, viajar por preciosas ciudades, conocer gente maravillosa, y aprender tanto sobre mí y sobre otras culturas.

Isabel Sierra, estudiante de la Facultad de Educación de la UCM en Örebro University, Suecia.

Mi Erasmus en Estambul fue una de las mejores decisiones de mi ____________________: es una ciudad impresionante que representa el punto de unión entre dos ____________________ muy diferentes.

Javier S.C., estudiante de Ciencias Políticas en Boğaziçi University, Turquía.

stock.adobe.com/Kenan

stock.adobe.com/stephen jones

Mi experiencia como estudiante Erasmus no podría ser más positiva ha estado llena de ____________________, pero sobre todo de alegría y mucho ____________________.

Laura Aguirrechu, estudiante de Psicología en Queen's University, Irlanda del Norte

Erasmus es una ____________________ única en la que día tras día estás forzada a crecer, mejorar y ser más fuerte que nunca. Aprendes a enfrentarte a los problemas tú sola y a resolverlos sin ____________________ de otras personas.

Rocío Clemente, estudiante de Farmacia en Aix-Marseille Université, Francia

mauritius images/alamy stock photo/Giovanni Guarino Photo

Fuente: Universidad Complutense de Madrid, Experiencias de Estudiantes Erasmus (2021)*

b Compara estas palabras con tus hipótesis y corrígelas, si es necesario. Sobran dos palabras.

vida cambio aprendizaje desafíos ojos oportunidad brazos culturas ayuda dificultad

Tarea: Tienes que combinar ofertas para hacer prácticas con perfiles de personas. A dos ofertas no les corresponde ningún perfil.

1 a Lee las ofertas para hacer prácticas y fíjate en los requisitos[1]. ▸ Comprensión global, p. 164

1 **el requisito** die Anforderung

La Oficina de Turismo de Cáceres

ofrece un puesto de **prácticas para jóvenes**

- Para: repartir folletos, informar, contestar preguntas al teléfono
- Se piden: buena presencia y espontaneidad
- Se valoran: conocimientos de idiomas

1

Pelofino

peluquería unisex en Villanueva del Rey

✓ pide practicantes (m/f/d) para ayudar en la tienda,
✓ lavar el pelo y hacer masajes en la cabeza a la clientela
✓ edad mínima requerida: 16 años

2

¡Se buscan **practicantes!**

Hotel Gran Sol ★★★★

★ Si tienes buena presencia, sabes nadar y hablas idiomas
★ serás bienvenid@ para asistir en la recepción
★ y en nuestra piscina interior

3

TRUCOS MOTEROS

— Tu **taller mecánico** en Móstoles
— Te ofrece una plaza de **practicante**
— ¿Tienes conocimientos técnicos y matemáticos?
— ¿No te asusta trabajar hasta tarde?
— ¿No tienes miedo a ensuciarte?
— Perfecto, ¡te esperamos!

4

TOCO MADERA S.A.

si buscas una plaza de **practicante...**
¡aquí la encuentras!
en nuestro taller de **carpintería**
te lo pasarás muy bien
y aprenderás un montón de cosas
te pedimos: ser creativo o creativa,
tener ganas de trabajar con madera
y no tener problemas respiratorios

5

¿TE GUSTA ENSEÑAR CASAS Y PISOS?

¿Entiendes de **marketing**? ¡Ven a realizar tus prácticas con nosotros!

Somos una **AGENCIA INMOBILIARIA** con experiencia: ayúdanos en **recepción**, • acompaña a **clientes** • actualiza **fichas**

Ah, y si hablas **idiomas** – ¡mejor todavía!

6

Tienes ganas
de **aprender,**
de **ayudar,**
de **hacer algo útil,**
de...

¡No busques más!

Haz tus prácticas en nuestra **clínica**. Solo te pedimos **ser amable, tener paciencia** e interesarte por la medicina

7

¡No hay DERECHO!

¿No? Pues sí, sí que lo hay:

Ofrecemos puestos de prácticas en nuestro bufete de **ABOGADOS**: Preséntate en el despacho para ayudar a clasificar documentos.

Se valoran conocimientos informáticos.

Se prefieren solicitudes de personas con discapacidad.

8

b Lee los perfiles de las personas. Si quieres, ya puedes marcar con lápiz con qué oferta podría ir bien cada persona.

Imago Stock & People GmbH/Westend61

LAURA, 16 años, tiene carné de moto, se interesa por los coches, no sabe nadar y no tiene mucha paciencia, habla inglés

mauritius images/Cavan Images

BEATRIZ, 15 años, quiere hacer el carné de moto, sabe nadar muy bien, habla inglés y francés, le gusta la arquitectura

Imago Stock & People GmbH/Westend61

OLGA, 15 años, quiere ser modelo, le gustan los deportes, habla alemán y polaco, le gusta estar con gente, es creativa, tiene asma

Imago Stock & People GmbH/Westend61

MARCOS, 16 años, tiene carné de moto y conoce bien toda la región, le gusta vestir bien, no le gustan los trabajos sucios, sabe inglés y francés

Imago Stock & People GmbH/Westend61

FRANCISCO, 15 años, cuida a sus tres hermanos pequeños, tiene paciencia, le gusta ayudar a la gente, es creativo y alegre

Imago Stock & People GmbH/Westend61

CARLOS, 16 años, no le gusta estar con mucha gente, prefiere trabajos tranquilos, conoce muy bien la ciudad, sabe escribir a los diez dedos en el ordenador

c Vuelve a leer atentamente las ofertas y los perfiles y apunta el número de la oferta que corresponde a cada persona.

Persona	Laura	Beatriz	Olga	Marcos	Francisco	Carlos
Oferta	___	___	___	___	___	___

Tarea: Lee el siguiente texto sobre una inventora española. Conecta los hechos (1–8) con los años correspondientes. Sobran dos descripciones. El primer año (1895) ya está relacionado y sirve de ejemplo.

Ángela Ruiz Robles (1895–1975)
Una inventora visionaria

Juan de Aragón (El Fisgón Histórico): Heroínas Secretas de la historia de España

La vida de doña Angelita, como la llamaban con cariño, es una de esas que sorprende, por su generosidad, su inteligencia, su inventiva y, sobre todo, por su humildad. Y es que doña Angelita inventó el precursor del libro electrónico en 1949. Ahí es nada.

Ángela Ruiz Robles nació en 1895 en Villamanín (León) y con 23 años se trasladó a Galicia, donde empezó a ejercer de maestra. Ya desde joven, Ángela era una mente inquieta, empeñada en mejorar la educación e implementar nuevos métodos de aprendizaje. En 1916 comenzó a desarrollar un nuevo método taquigráfico, un sistema de transcripción rápida que se realizaba con sencillos símbolos. En 1938 comenzó a publicar sus primeros libros educativos sobre ortografía y taquigrafía. También publicaría el Atlas Gramatical y el Atlas Científico.

Pero los métodos existentes le parecían anticuados: los niños cargaban con muchos libros y el aprendizaje se basaba en memorizar sin más, por no hablar del infame «la letra con sangre entra». En 1949 registró su primer invento, destinado a hacer el aprendizaje más divertido e interactivo, un libro mecánico que iluminaba una serie de láminas con información.

Sin embargo, fue en 1961 cuando desarrolló el modelo definitivo, un libro mecánico en el que los temas se cargaban en carretes[1]. Un auténtico libro electrónico. Llegaría a patentarlo y a fabricar un prototipo por el cual se interesarían fabricantes extranjeros, pero doña Angelita quería que el invento se quedara y se fabricara en España. Por desgracia, la falta de medios y de financiación dejó el proyecto en dique seco[2].

Juan de Aragón: Heroínas de la Historia de España (2018)

1 **el carrete** die Rolle, die Spule 2 **dejar en dique seco** *hier* nicht zur Ausführung gelangen

1. Ángela cambió su lugar de residencia. ________

2. Ángela empezó a elaborar el proceso entonces moderno. ________

3. La primera invención de Ángela fue registrada. ________

4. La invención que querían producir en varios países salió. ________

5. Ángela vino al mundo. 1895

6. El aprendizaje de memorizar cambió. ________

7. Sus primeras obras escritas salieron al mercado. ________

8. Ángela patentó un nuevo sistema de transcripción. ________

Tarea: Lee el siguiente texto sobre una artista del siglo diecisiete. Completa las frases (1 a 7) con un máximo de seis palabras. La primera frase ya está hecha y te sirve como modelo.

Luisa Roldán (1652–1706)
La Roldana

Juan de Aragón (El Fisgón Histórico): Heroínas Secretas de la historia de España

En el arte siempre hay excepciones, y una de estas excepciones fue Luisa Roldán, más conocida como la Roldana.

Luisa nació en Sevilla, en el seno de una familia de notables escultores y, como era normal, se inició en el taller de escultura de su padre, Pedro Roldán, del cual aprendió a diseñar y tallar sus propias obras, llegando incluso a superar a su maestro y a otros escultores de su época.

Tras casarse con Luis Antonio de los Arcos, un matrimonio que el padre nunca vio con buenos ojos, se apartó del taller familiar, pero al contrario que otras mujeres, continuó creando esculturas.

Su marido firmaba los contratos y cobraba por la realización de las obras, ya que la Roldana, por el hecho de ser mujer, no podía. Esto no fue un impedimento[1] para que su talento se conociera en todas partes, pues llegó incluso a formar parte de la corte siendo la escultora de cámara del rey Carlos II y más tarde de Felipe V.

Luisa Roldán supone un ejemplo de mujer que rompe todas las barreras, se casa con quien ella quiere y se convierte en una artista destacable en una época en la que las mujeres estaban limitadas en la mayor parte de aspectos laborales y sociales.

Juan de Aragón: Heroínas de la Historia de España (2018)

1 **el impedimento** das Hindernis

1. Los padres de Luisa trabajaban como... escultores.
2. Luisa pudo hacer mejores obras que su padre y... ______
3. El padre estaba en contra de... ______
4. Aún después de casarse siguió... ______
5. Ayudando a su esposa, el marido se dedicó a... (solo una opción) ______
6. Luisa también hizo obras para... ______
7. Es considerada un ejemplo de mujer, porque... (solo una opción) ______

______

Auf den folgenden Seiten können Sie ausgewählte Aspekte der Kompetenz Schreiben noch einmal trainieren und sich so gezielt auf Schreibaufgaben im Unterricht oder in Prüfungssituationen vorbereiten:

Entrenarse para escribir un resumen

Tarea: Resume lo que pasa en el capítulo «Un sándwich de arroz» de la novela «La casa en Mango Street».

1 **Lee el capítulo de la novela de Sandra Cisneros y subraya todas las partes en las que pasa alguna acción.**

✓ Si tienes que «resumir lo que pasa», concéntrate en los pasos de la acción (*Handlungsschritte*). Primero tienes que distinguir entre la descripción (por ej., de un personaje o un objeto) y una acción (lo que hace un personaje). Además, a veces tienes que reconstruir el orden cronológico del texto. Estas preguntas te ayudan a identificar los pasos de acción:
– ¿Es algo que pasa?
– ¿No es algo que los personajes piensan, dicen, imaginan, quieren...?
– ¿Es una acción importante para el progreso de la historia?

Un sándwich de arroz

Los niños especiales, los que llevan llaves colgadas del cuello, comen en el refectorio. ¡El refectorio! Hasta el nombre suena importante. Y esos niños van allí a la hora del lonche porque sus madres no están en casa o porque su casa está demasiado lejos.

Mi casa no está muy lejos, pero tampoco muy cerca, y de algún modo se me metió un día en la cabeza pedirle a mi mamá que me hiciera un sándwich y le escribiera una nota a la directora para que yo también pudiera comer en el refectorio. [...] Y a la siguiente mañana me toca ir a la escuela con la carta de Mamá y mi sándwich de arroz porque no tenemos carnes frías.

Los lunes y los viernes da igual, las mañanas siempre caminan muy despacio y hoy más. Pero finalmente llega la hora y me formo en la fila de los niños que se quedan a lonchar. Todo va muy bien hasta que la monja que conoce de memoria a todos los niños del refectorio me ve y dice: y a ti ¿quién te mandó aquí? Y como soy penosa no digo nada, nomás levanto mi mano con la carta. Esto no sirve, dice, hasta que la madre superiora dé su aprobación. Sube arriba y habla con ella. Así que fui.

Espero a que les grite a dos niños antes que a mí, a uno porque hizo algo en clase y al otro porque no lo hizo. Cuando llega mi turno, me paro frente al gran escritorio con estampitas de santos bajo el cristal mientras la madre superiora lee mi carta, que dice así:

Querida madre superiora:
Por favor permítale a Esperanza entrar en el salón comedor porque vive demasiado lejos y se cansa. Como puede ver está muy flaquita. Espero en Dios no se desmaya.
Con mis más cumplidas gracias,
Sra. E. Cordero

Tú no vives lejos, dice ella. Tú vives cruzando el bulevar. Nada más son cuatro cuadras. Ni siquiera. Quizá tres. De aquí son tres largas cuadras. Apuesto a que alcanzo a ver tu casa desde mi ventana. ¿Cuál es? Ven acá, ¿cuál es tu casa?

Y entonces hace que me trepe en una caja de libros. ¿Es ésa? dice señalando una fila de edificios feos de tres pisos, a los que hasta a los pordioseros les da pena entrar. Sí, muevo la cabeza, aunque aquella no era mi casa y me echo a llorar. Yo siempre lloro cuando las monjas me gritan, aunque no me estén gritando.

Entonces ella lo siente y dice que me puedo quedar –solo por hoy, no mañana ni el día siguiente. Y yo digo sí y por favor, ¿podría darme un Kleenex? –tengo que sonarme.

En el refectorio, que no era nada del otro mundo, un montón de niños y niñas miraban mientras yo lloraba y comía mi sándwich, el pan ya grasoso y el arroz frío.

Sandra Cisneros: La casa en Mango Street, (1989)*

3 **el refectorio** der Speisesaal 4 **el lonche** *spanglish* das Mittagessen 16 **formarse** *aquí:* ponerse 16 **lonchar** *spanglish* comer 17 **la monja** die Nonne 19 **penosa** *lat. am.* schüchtern 35 **la cuadra** der Häuserblock 38 **trepar** subir 40 **el pordiosero** der Bettler 46 **sonarse** limpiarse la nariz

2 Formula los pasos de la acción en tus propias palabras según el modelo.

> ✓ Un resumen se escribe siempre en presente. Para hablar de algo pasado se usa el pretérito perfecto.
> Hay que describir de manera cronológica todos los pasos de la acción. Puede ser necesario estructurar de otra manera las acciones en el resumen si en el texto hay acciones vistas en retrospectiva[1].
> **1 la retrospectiva** die Rückblende

[...] de algún modo se me metió un día en la cabeza pedirle a mi mamá que me hiciera un sándwich y le escribiera una nota a la directora para que yo también pudiera comer en el refectorio.

→ *La protagonista quiere que su madre le prepare comida y redacte una carta para la directora.*

Y a la siguiente mañana me toca ir a la escuela con la carta de Mamá y mi sándwich de arroz [...]

→ ______________________________

Pero finalmente llega la hora y me formo en la fila de los niños que se quedan a lonchar.

→ ______________________________

Todo va muy bien hasta que la monja que conoce de memoria a todos los niños del refectorio me ve y dice: y a ti ¿quién te mandó aquí? Y como soy penosa no digo nada, nomás levanto mi mano con la carta. Esto no sirve, dice, hasta que la madre superiora dé su aprobación. Sube arriba y habla con ella. Así que fui.

→ *Una monja discute con ella y* ______________________________

Cuando llega mi turno, me paro frente al gran escritorio [...] mientras la madre superiora lee mi carta [...]

→ ______________________________

Tú no vives lejos, dice ella. [...] Ven acá, ¿cuál es tu casa? Y entonces hace que me trepe en una caja de libros. ¿Es ésa? dice señalando una fila de edificios feos de tres pisos [...]

→ ______________________________

____

Sí, muevo la cabeza, aunque aquella no era mi casa y me echo a llorar.

→ ______________________________

Entonces ella [...] dice que me puedo quedar [...] ¿podría darme un Kleenex? –tengo que sonarme.

→ ______________________________

En el refectorio [...] yo lloraba y comía mi sándwich.

→ ______________________________

¡Ahora tú!

3 a Realiza la tarea con ayuda de los ejercicios 1 y 2: Resume lo que pasa en el capítulo «Un sándwich de arroz» de la novela «La casa en Mango Street» de Sandra Cisneros. ► Escribir un resumen, p. 170

b Revisa tu texto. Utiliza la página 25 de este Cuaderno.

Tarea: Examina qué imagen da Demián de la relación que tiene con sus padres.

1 Lee el siguiente fragmento de la novela «Déjame que te cuente» de Jorge Bucay y subraya todas las partes en las que Demián habla de sus padres.

Déjame que te cuente

–¿Cómo va todo con tus padres?

–Con altibajos –contesté–. Hay momentos en los que nos entendemos muchísimo, y cada uno puede ponerse en el lugar del otro, pero hay otros en que no hay manera. Nada que hacer.

–Bueno, Demián. Supongo que eso te va a pasar con todo el mundo durante el resto de tu vida.

–Sí, pero con los padres, de alguna manera, es diferente. Ellos son mis padres…

–Sí, son tus padres. Pero, ¿en qué sentido dices que esto es diferente?

–Ellos tienen un determinado poder por ser mis padres.

–¿Qué poder?

–Poder sobre mí.

–Tú ya eres un adulto, Demián. Y como tal, nadie tiene poder sobre ti. Nadie. Por lo menos, nadie tiene más poder que el que tú le des.

–Yo no les doy nada.

–Parece ser que sí.

–Pero la casa es de ellos, me dan de comer, me compran ropa, pagan algo de la facultad, mi madre hace la colada, hace mi cama… Eso algún derecho les da.

–¿Tú no trabajas?

–Sí, claro que trabajo.

–¿Y entonces? Yo puedo entender que vivas en esa casa, si no te puedes permitir económicamente un apartamento para ti. Pero en todo lo demás, yo creo que, si de verdad quieres luchar por tu independencia, hay cosas que podrías hacer solo.

stock.adobe.com/motortion

–¿De qué vas? ¿Ya me estás tratando como si fuera inútil, igual que mi madre? ¡Como si lo más importante del mundo fuera aprender a hacerse la cama antes de hacer otras cosas!

–No, supongo que no, pero tú eres el que reclama libertad e independencia.

–Yo no quiero libertad e independencia para cocinarme mi comida, hacerme la cama o lavarme la ropa. La quiero para no tener que pedir permisos, para sentirme con derecho a contar lo que quiero y callarme el resto.

–Quizá, Demián, estos dos grupos de «libertades» sean interdependientes.

–Yo no quiero dejar de ver a mis padres.

–No, claro que no, pero tú reclamas algunos derechos recortados de tu situación actual, y renuncias a una parte de las responsabilidades que devienen de esos derechos.

–Pero yo puedo elegir en qué áreas voy a independizarme antes y en qué áreas prefiero esperar un poco.

Jorge Bucay: Déjame que te cuente... (2012)*

3 **con altibajos** mit Höhen und Tiefen 24 **hacer la colada** die Wäsche waschen 43 **callar(se) algo** etw. (ver)schweigen 45 **interdependiente** voneinander abhängig 47 **reclamar** einfordern 48 **recortar** beschneiden 48 **renunciar** verzichten 49 **devenir de** sich ableiten von

2 a Apunta los aspectos de la tarea 1 –lo que dice Demián sobre la relación con sus padres– en tus propias palabras en la tabla de la siguiente página.

b Explica lo que significan los aspectos del texto según la tarea: ¿Qué imagen de la relación entre Demián y sus padres tienes gracias a estos aspectos? Apunta tus respuestas también en la tabla en la siguiente página, como en el ejemplo.

líneas	¿Qué dice Demián sobre la relación?	¿Qué imagen de la relación evoca Damián?
3–4	la relación cambia permanentemente	dinámica y ambigua
13–16		
22–25		
33–34		
41–43		
46		

3 **Ordena las siguientes expresiones para estructurar un análisis.**

A continuación, se examinará / se analizará
Resumiendo...
Como bien se ve en la(s) línea(s)...
De ello se puede deducir que...
Por lo tanto concluyo que
De ahí que + *subj.*
Por lo tanto, se puede suponer que...
En resumen, se puede decir que...
Al fin y al cabo constatamos que...
Según dice Demián, ...
El texto [...] presenta un aspecto interesante a analizar: ...
Lo que se puede leer en la siguiente parte del texto...
La cuestión que está por examinar es...

Para introducir: A continuación, se examinará /

Para referirse a diferentes partes del texto: según dice... /

Para deducir algo de un aspecto dicho:

Para llegar a una conclusión:

¡Ahora tú!

4 a **Realiza la tarea con ayuda de los ejercicios 1 a 3: Examina qué imagen da Demián de la relación con sus padres. Escribe entre 150 y 180 palabras.**

b **Revisa tu texto. Utiliza la página 25 de este Cuaderno.**

1 a Lee la tarea e identifica los siguientes aspectos: ¿Qué tipo de texto tienes que escribir? ¿Sobre qué tema debes escribir? ¿Qué te piden los operadores? Subraya la información correspondiente y apúntala en la tabla.

Tarea: En un artículo sobre la amistad en la era digital has encontrado estas frases: «¡Los jóvenes de hoy en día solo viven en el mundo digital! Ya no saben lo que es una amistad de verdad». Escribe un comentario personal para el periódico digital, discute argumentos a favor y en contra de esta afirmación y expón tu opinión (aprox. 200 palabras).

¿Sobre qué tema debes escribir?	¿De qué tipo de texto se trata?	¿Qué más te piden los operadores?
		discutir

b Antes de escribir, piensa en la estructura de tu texto y toma apuntes en forma de un esquema o diagrama.

La estructura del texto

Introducción al tema:	• llamar la atención, mencionar la pregunta, centrarse en la importancia de la temática
Nombrar el tema:	• formular el tema en una sola frase • o formular una hipótesis sobre la que se podrá discutir
Formular los argumentos:	• explicar los argumentos a favor y en contra de la afirmación: ▪ alternando: un argumento a favor, un argumento en contra, uno a favor, uno en contra... ▪ sucesivamente: primero todos los argumentos a favor, luego todos los en contra, o al revés ▪ los argumentos a favor de la afirmación ▪ los argumentos en contra de la afirmación
Resumir los argumentos:	• destacar los argumentos más importantes • hacer hincapié en uno u otro lado de los argumentos
Concluir:	• formular la propia opinión refiriéndose a la argumentación anterior

c Estas expresiones sirven para la introducción, la argumentación y la conclusión de un comentario. Ordénalos en la tabla de la siguiente página. ► Escribir un comentario personal, p. 170

en el artículo, el autor / la autora dice/opina/afirma que   para terminar   según el autor / la autora   es verdad que   no es verdad que + *subj.*   creo/pienso que   no creo/pienso que + *subj.*   opino que   según mi opinión   por un lado   por otro lado   primero   luego/entonces   además   pero   sin embargo   no obstante   aunque   mientras que   o sea   por lo cual   por lo tanto   por eso en realidad   resumiendo   es decir   [...]

✓ Puedes estructurar tus argumentos de varias maneras:
- primero todos los argumentos a favor, luego todos en contra,
- un argumento a favor, uno en contra, luego el siguiente a favor y otro en contra, etc.

Al final de la argumentación siempre se suele aportar el argumento más importante para apoyar tu opinión.

Introducción	
Expresiones	Contenido
en el artículo, el autor / la autora dice /	«¡Los jóvenes de hoy en día solo viven en el mundo digital! Ya no saben lo que es una amistad de verdad.»

Argumentos	
Expresiones	a favor de la afirmación
por un lado...	*los jóvenes*
	en contra de la afirmación
	los jóvenes hablan de

Conclusión/Opinión	
Expresiones	Contenido
es verdad que	¡Aquí va tu opinión!

d **Clasifica estos argumentos a favor y en contra de la afirmación y apúntalos también en la tabla de arriba.**

- los jóvenes pasan mucho tiempo con el móvil
- se ayudan cuando tienen problemas
- llaman «amigo» o «amiga» a personas que no conocen
- los jóvenes hablan de problemas reales en los chats
- también tienen compañeros/-as en la vida real
- a veces, pasan más tiempo con el móvil que con sus amigos o su familia

¡Ahora tú!

2 a Lee la tarea e identifica los siguientes aspectos: ¿Sobre qué tema debes escribir? ¿Qué te piden los operadores? Apúntalo en la tabla. ▶ Organizar el proceso de escritura, p. 166

✓ El proceso de escribir un texto tiene tres fases: la preparación, la redacción y la revisión. El primer paso consiste en leer bien las instrucciones porque depende del tipo de texto y de los operadores cómo estructurar el texto.

Tarea: En un foro ecologista lees esta frase: «Para salvar el mundo hay que dejar de comer carne y hacerse vegetariano o, mejor, vegano». Escribe un comentario personal (aprox. 200 palabras) con argumentos a favor y en contra de esta afirmación y expón tu opinión.

¿Sobre qué tema debes escribir?	¿Qué te piden hacer los operadores?

b Prepara un esquema del texto, teniendo en cuenta las partes que debe tener y los argumentos que quieres nombrar. ▶ Escribir un comentario personal, p. 170

✓ Si utilizas un diccionario, no apuntes solo palabras, sino también expresiones hechas y combinaciones de verbos con sustantivos, etc. Busca en diccionarios bilingües y monolingües, por ej., en el diccionario en línea de la Real Academia Española (RAE): https://dle.rae.es/ ▶ Utilizar un diccionario, p. 181

c Apunta expresiones y conectores para escribir tu texto. ▶ Organizar el proceso de escritura, p. 166

d Escribe el comentario personal basándote en el esquema con los argumentos y los conectores que has elegido.

e Revisa tanto la lengua como el contenido de tu comentario personal. Para saber cómo hacerlo, mira la página 25 de este Cuaderno y la página 180 del Libro. ▶ Evitar errores, p. 183

Tarea: Una editorial[1] española de literatura juvenil quiere publicar sus libros en Alemania. Por eso les pregunta a jóvenes alemanes sobre sus intereses y sus experiencias. El editor[2], el señor Emilio Sánchez, tiene que decidir qué novela o cuento se va a publicar y quiere saber qué temas les interesan a los jóvenes, qué novelas ya han leído y qué es lo que les gustaría leer. Escríbele un e-mail de aprox. 200 palabras y responde a sus preguntas.

1 **la editorial** der Verlag 2 **el editor** der Verleger

1 Un e-mail tiene características formales que se pueden resumir en ocho partes. Añade más expresiones donde sea posible, pero ten cuidado con el lenguaje formal e informal.

situación formal	situación informal
Escribir un saludo	
Estimados señoras y señores:	*Hola...:*
Escribir unas frases para «romper el hielo» (sobre todo en situaciones informales)	
Le(s) agradezco la oportunidad de presentarle(s) mi opinión.	*Espero que estés bien y que no*
Escribir una introducción	
Usted(es) está(n) interesado(s) en... y...	*Me pediste ayuda con...*
Escribir la parte central con toda la información que se pide	
Primero me gustaría informarle(s) sobre...	*Mira, por casualidad encontré...*
Escribir una conclusión para terminar	
Espero haberle(s) dado la información...	*Espero que te sirva mi explicación...*
Escribir una despedida, quizás pidiendo una repuesta	
Le(s) agradecería una respuesta...	*¡No olvides contestarme!*

Escribir un saludo final y el nombre (y apellido)	
Atentamente,	*Un abrazo fuerte desde...*
Escribir el nombre	
nombre y apellido	

Para escribir un e-mail es importante tener en cuenta estos aspectos:
- tratar de usted en un contexto formal y tutear en un contexto informal,
- utilizar un lenguaje formal o informal, dependiendo del contexto,
- utilizar conectores para facilitar la lectura.

2 Apunta en un mapa mental los aspectos que quieres mencionar y piensa en cómo vas a explicarlos.

literatura
- tipos de texto que he leído (cuentos, novelas, novelas gráficas, poemas...) ____________
- novelas u otros cuentos que he leído ____________
- lo que me gustaría leer ____________
- temas que me gustan en cuentos o novelas ____________

¡Ahora tú!

3 Haz la tarea con ayuda de los ejercicios 1 y 2: Una editorial[1] española de literatura juvenil quiere publicar sus libros en Alemania. Por eso les pregunta a jóvenes alemanes por sus intereses y experiencias. El editor[2], el señor Emilio Sánchez, tiene que decidir qué novela o cuento se va a publicar y quiere saber qué temas les interesan a los jóvenes, qué novelas ya han leído y qué es lo que les gustaría leer. Escríbele un e-mail de aprox. 200 palabras y responde a sus preguntas.

1 **la editorial** der Verlag 2 **el editor** der Verleger

Repasar

4 a Revisa tu e-mail y marca en la siguiente lista de comprobación si has cumplido con los requisitos necesarios.

Criterio	sí	no	Ideas para mejorar
¿Has escrito un saludo en lenguaje formal?	☐	☐	
¿Has escrito una introducción adecuada a la situación?	☐	☐	
¿Has hablado del tema: la literatura juvenil?	☐	☐	
¿Has escrito una conclusión?	☐	☐	
¿Te has despedido de manera adecuada?	☐	☐	
¿Has tratado de usted al destinatario[1]?	☐	☐	
¿Has usado un lenguaje formal?	☐	☐	
¿Has usado conectores adecuados?	☐	☐	

1 **el destinatario** der Empfänger

b Revisa tu e-mail. Utiliza la página 25 de este Cuaderno para revisar tu texto.

Tarea: Con tu colegio de intercambio en España mantenéis un blog con el título «¿Cómo aprender bien en el futuro?». En este blog discutís actualmente cuáles son los temas que quieren tratar los jóvenes en el colegio y qué todavía echáis de menos en la formación escolar. Tu tarea es explicar cuáles son los temas que te faltan en tu formación escolar. Redacta una entrada de blog de aprox. 150 palabras.

1 **Una entrada de blog tiene algunas características formales. Apunta alternativas para cada aspecto.**

Escribir una introducción a la situación para los destinatarios[1]:

Como bien sabéis, nuestro tema es...

Destacar la intención:

Me gustaría

Invitar a los lectores a comentar o a responder:

¿Cuál es vuestra opinión? ¡Dejad un comentario!,

Saludar y poner una firma:

¡Saludos!,

1 **el/la destinatario/-a** der/die Empfänger/in

Para escribir una entrada de blog es importante prestar atención a los siguientes aspectos:
En un blog se suele
- tutear a los lectores,
- utilizar un lenguaje informal,
- expresar algunos aspectos de forma coloquial.

2 **Apunta en un mapa mental los temas que quieres mencionar y piensa en cómo explicarlos. Aquí tienes un ejemplo.**

temas que me faltan en el colegio

hacer la declaración de la renta[1]

... porque...

es importante para el futuro

es complicado

1 **la declaración de la renta** die Steuererklärung

¡Ahora tú!

3 Realiza la tarea con ayuda de los ejercicios 1 y 2: Con tu colegio de intercambio en España mantenéis un blog con el título «¿Cómo aprender bien en el futuro?». En este blog discutís actualmente cuáles son los temas que quieren tratar los jóvenes en el colegio y qué todavía echáis de menos en la formación escolar. Tu tarea es explicar cuáles son los temas que te faltan en tu formación escolar. Redacta una entrada de blog de aprox. 150 palabras.

Revisar el texto

4 a Revisa tu entrada de blog y marca en la siguiente lista de comprobación si has cumplido con los requisitos necesarios.

Criterio	sí	no	Ideas para mejorar
¿Has escrito un saludo y una firma?	☐	☐	
¿Has escrito una introducción a la situación para los destinatarios?	☐	☐	
¿Has destacado tu intención?	☐	☐	
¿Has invitado a los lectores a comentar o responder?	☐	☐	
¿Has tuteado a los destinatarios?	☐	☐	
¿Has escrito algunos aspectos de forma coloquial?	☐	☐	
¿Has usado un lenguaje informal?	☐	☐	
¿Has usado los conectores adecuados?	☐	☐	

b Revisa tu entrada de blog. Utiliza la página 25 de este Cuaderno para revisar tu texto enfocando tanto el contenido como la lengua.

Corregir errores de lengua

Son fuentes típicas de error: la ortografía, el sustantivo y sus determinantes, la conjugación de los verbos y los tiempos verbales.

1 **Corrige las palabras según las instrucciones.**

Revisa todos los sustantivos, así como sus acompañantes (artículos y adjetivos) y comprueba que coincidan en el número (singular-plural) y el género (masculino-femenino).	esta árbol alta	este árbol alto
	un flor rojo	una flor
	los coches antiguas	los
	estas casa nuevos	
Revisa los sujetos y los verbos y comprueba que coincidan en el número.	Paula y Pablo canta.	
	Carla no vienen.	
Comprueba que el verbo esté conjugado correctamente.	¿No os acuerdas?	
Asegúrate de que hayas utilizado el tiempo verbal correcto. ¡Ojo! Tienes que utilizar el presente al resumir o analizar un texto literario.	Inés todavía no estaba en Madrid.	
	Daniela ha estado en la capital en 2020.	
Revisa la ortografía, sobre todo las consonantes dobles, las mayúsculas/minúsculas, los diptongos, los cambios y → e / o → u, así como el acento gráfico (la tilde), p.ej., avión → aviones.	Esto es impossible.	
	¡Qué lindas canciónes!	
	Olga está juegando.	

Mejorar la lengua y el estilo

Al repasar tu texto no solo debes corregir la lengua, sino también mejorarla, p.ej., utilizando vocabulario diferenciado o conectores variados para guiar a tus lectores.

- Busca en tu texto frases o ideas que hayas escrito sin conector. Elige para cada una de ellas una expresión para conectarla con el resto del texto.
- Fíjate en los verbos y comprueba que no repitas los mismos una y otra vez. Revisa también la variedad de los sustantivos y los adjetivos.

Mejorar el contenido

Finalmente, a la hora de revisar el texto conviene comprobar también el contenido.

- Subraya los aspectos importantes para la tarea (puedes utilizar diferentes colores). Después subraya las partes del texto que se refieren a esos aspectos en el mismo color.
- Compara tu texto con tus apuntes de preparación: tacha los aspectos de la preparación que aparecen en el texto.
- Asegúrate de que tu texto corresponda a los operadores y que hayas escrito el tipo de texto que se te pide.
- Si se trata de un texto argumentativo: marca los argumentos a favor de tu opinión en un color y los argumentos en contra en otro color. Además, puedes apuntar si se trata de un argumento fuerte. Cuando logras refutar[1] un argumento en contra de tu opinión, marca este argumento como refutado. Comprueba que tu argumentación refute todos los argumentos en contra y que la conclusión coincida con tu argumentación.

1 **refutar algo** etw. widerlegen

Auf den folgenden Seiten trainieren Sie die Kompetenz Hörverstehen und bereiten sich gezielt auf Hörverstehensaufgaben sowohl im Unterricht als auch in Prüfungssituationen vor. Besonders wichtig ist dabei, dass Sie beim Hörverstehen beides ernstnehmen: HÖREN und VERSTEHEN, d. h. es geht nicht nur darum, bestimmte Aspekte in der Audiodatei zu HÖREN, sondern das Gehörte vor allem auch zu VERSTEHEN:

Entrenarse para una tarea auditiva de comprensión global

✓ En un ejercicio de comprensión global hay que captar la idea central de un texto o bien de varios textos cortos. Para lograrlo, es importante:
- leer atentamente las instrucciones antes de escuchar,
- reactivar el vocabulario temático del contexto correspondiente y
- prestar atención a palabras clave (¿Quién? ¿Qué? ¿Dónde? ¿Cuándo? ¿Por qué?) en los textos auditivos.

Tarea: Vas a escuchar cinco diálogos en un centro comercial. Sigue las instrucciones.

stock.adobe.com/Andris Piebalgs

Antes de escuchar

1 Apunta los lugares y las tiendas que hay en un centro comercial y también lo que puedes hacer o comprar allí. Utiliza un diccionario. ► Antes de escuchar, p. 163; Utilizar un diccionario, p. 181

Las tiendas y lo que se puede comprar allí

la librería	*libros,*

Los otros lugares y lo que se puede hacer allí

el cine

Escuchar

2 a Escucha los cinco diálogos e indica de qué habla la gente. Marca las cinco opciones correctas.

- [ ] café
- [ ] ropa
- [ ] libros
- [ ] comida
- [ ] pelotas
- [ ] móviles
- [ ] zapatos
- [ ] muebles
- [ ] cosméticos
- [ ] televisores

3 a Lee atentamente las tres frases pensando en el primer diálogo. Luego vuelve a escuchar solo el primer diálogo y decide cuál de las tres frases lo resume mejor. ► Comprensión global, p. 163

1. a. [ ] Una chica llama a su madre y le pide más dinero para comprarse unos pantalones.
   b. [ ] Después de haber comprado unos jeans, una chica quiere comprar una camiseta y pide dinero a la madre.
   c. [ ] Una chica se ha comprado unos tejanos y quiere comprarse también una chaqueta y necesita más dinero de la abuela.

b Sigue los mismos pasos con los otros diálogos: lee las frases y vuelve a escuchar cada diálogo para decidir qué frase resume mejor cada uno de ellos.

2. a. [ ] Una mujer acompaña a su marido para comprar zapatos para él.
   b. [ ] Un hombre y una mujer van a comprar zapatos. Encuentran a un amigo que los compra por Internet.
   c. [ ] Un hombre se ha comprado zapatos por Internet, pero no le van bien y los quiere cambiar en la tienda.

3. a. [ ] Un chico ha entrado en una librería y ha comprado un libro y un regalo para su hermana.
   b. [ ] Un chico se ha comprado un libro en la librería y piensa que a su padre también le va a gustar.
   c. [ ] Un chico ha comprado en la librería un libro para su padre al que le gustan las novelas policíacas.

4. a. [ ] Tres chicas van a un restaurante de comida rápida para comer ensaladas con o sin carne.
   b. [ ] Tres chicos buscan un lugar para comer y se deciden por un restaurante donde venden ensaladas.
   c. [ ] Tres chicos tienen hambre y van a una hamburguesería que también vende hamburguesas sin carne.

5. a. [ ] Una chica va con su padre a mirar televisores en una tienda y les sorprende la calidad del sonido.
   b. [ ] Una hija le convence a su padre a comprar una tele más grande porque le gusta ver documentales.
   c. [ ] Un padre va con su hija a comprar un televisor nuevo más grande, con buenos colores y buen sonido.

- En los ejercicios de comprensión global debes nombrar el tema central de un texto largo o de varios textos cortos.
- En la comprensión selectiva tienes que fijarte en uno o varios aspectos que se mencionan en el texto auditivo. Por eso es muy importante leer las preguntas o el texto a completar antes de escuchar para que sepas en qué debes fijarte.
- En la comprensión detallada se trata de reconocer mucha información del texto. Para demostrar que has entendido todo, debes relacionar frases, decidir si unas afirmaciones son correctas o falsas, o marcar respuestas de elección múltiple. También para este tipo de ejercicio es esencial leer bien las preguntas y las posibles respuestas.

Tarea: **Vas a escuchar una entrevista con un adolescente en Estados Unidos. Sigue las instrucciones.**

stock.adobe.com/Kesu/Lukas Gojda

1 **Comprensión global:** **Escucha una vez y marca con una cruz la frase que mejor resuma la entrevista.**

a. ☐ Daniel y Carla charlan sobre la vida en California.
b. ☐ Daniel cuenta qué fiestas celebra desde que vive en California.
c. ☐ Carla quiere saber cómo celebra Daniel el Día de la Independencia.
d. ☐ Daniel y Carla hablan sobre las celebraciones del 12 de octubre en EE. UU.

2 **Comprensión selectiva:** **Escucha otra vez y completa el siguiente texto sobre lo que cuenta Daniel de las «Posadas».**

Las Posadas son una ________________ mexicana. Empiezan ________________ días antes del 25 de diciembre. La gente va a las casas de los vecinos, toca la ________________ y pide «posada», es decir, un ________________ para pasar la noche. Siempre les dicen que no es posible. Pero cuando ven que son María y José sí los dejan ________________ y les dan algo para ________________.

3 **Comprensión detallada:** **Combina los principios y los finales de las frases según lo que hayas escuchado en la entrevista. Sobran dos finales.**

1. Daniel es de México y vino a Los Ángeles
2. Para Navidad, van a la iglesia con toda la familia
3. En el Día de Muertos ponen un altar en casa
4. El Día de la Independencia de México es el 16 de septiembre,
5. El *Columbus Day* todavía se celebra en San Francisco,
6. En México cambiaron el nombre de ese día y ahora es

A con las fotos de familiares muertos.
B y en muchos lugares de México.
C y la mañana del 25 miran los regalos.
D el «Día de la Nación Pluricultural».
E en Estados Unidos es el 4 de julio.
F hace tres años.
G con imágenes de los amigos.
H pero en muchos lugares de EE. UU. ya no.

1	2	3	4	5	6
___	___	___	___	___	___

En los ejercicios de comprensión auditiva con respuestas breves hay que filtrar datos o detalles muy concretos. Por eso conviene…
- leer muy atentamente cada pregunta o principio de frase,
- marcar la información central de cada pregunta o frase,
- hacerse una primera idea de lo que habrá que apuntar
- y tener en cuenta cuántas palabras debe tener cada respuesta.

1 **Lee la tarea, mira la imagen y apunta ideas sobre lo que vas a escuchar.**

Tarea: **Vas a escuchar un reportaje sobre la vida y la obra de la famosa pintora mexicana Frida Kahlo. Realiza la tarea siguiendo las instrucciones 2–3.**

La artista Frida Kahlo

2 a **Lee las preguntas de abajo y marca las palabras que indican lo que tienes que apuntar según el ejemplo.**

b **En algunas preguntas tal vez ya tienes ideas para posibles respuestas. Apúntalas con lápiz en la tabla.**

1. ¿Cuántas hermanas tenía? tres ______
2. ¿Qué hay en la casa de la familia en la actualidad? ______
3. ¿Qué actividades deportivas practicaba de niña? (apunta un aspecto) ______
4. ¿Cómo era el colegio en el que empezó a estudiar con quince años? (un aspecto) ______
5. ¿Qué actividad comenzó a realizar a causa de su accidente? ______
6. ¿Qué profesión tenía su marido? ______
7. ¿Dónde conoció a Picasso? ______
8. ¿En qué dos ciudades norteamericanas presentó sus cuadros? ______
9. Hizo muchos autorretratos[1], pero ¿qué otras cosas se pueden ver en sus cuadros? (un aspecto) ______

______

1 **el autorretrato** das Selbstbildnis

Escuchar

3 Haz la tarea con ayuda de los ejercicios 1 y 2. ► Comprensión selectiva, p. 163

✓ En los ejercicios de elección múltiple (*multiple choice*) es muy importante comprender bien lo que escuchas. Normalmente, algunos elementos de todas las posibles respuestas están presentes el texto audio. Para identificar la(s) respuesta(s) correcta(s) te conviene:
- leer atentamente tanto la pregunta como las posibles repuestas,
- marcar la información central de cada respuesta,
- pensar en alternativas que se podrían utilizar en el texto auditivo, por ej., «autor» en lugar de «escritor», etc.

Antes de escuchar

Tarea: Vas a escuchar lo que cuenta una chica sobre las cosas que le gustan. Sigue las instrucciones.

1 **Lee las preguntas y las respuestas y marca lo más importante de cada respuesta como en el ejemplo de abajo.**

2 **Piensa en palabras que esperas escuchar en el texto auditivo y apúntalas, por ejemplo, para las frases 2. a.–d.**

turismo cultural: *museos* ______

turismo deportivo: *jugar a,* ______

turismo de invierno: *esquiar,* ______

turismo de sol y playa: *relajar,* ______

1. ¿Qué dice la chica sobre aprender un instrumento?
- **a.** ☐ Ella quiere aprender a tocar el piano.
- **b.** ☐ Ella quiere aprender a tocar la batería.
- **c.** ☐ Sus amigas quieren que toque la batería.
- **d.** ☐ Sus padres quieren que toque la guitarra.

2. A la chica le gusta el turismo...
- **a.** ☐ cultural.
- **b.** ☐ deportivo.
- **c.** ☐ de invierno.
- **d.** ☐ de sol y playa.

3. ¿Qué hace normalmente los sábados?
- **a.** ☐ Ve la tele con su padre.
- **b.** ☐ Suele salir con su mascota.
- **c.** ☐ Duerme hasta al mediodía.
- **d.** ☐ Va al supermercado con su abuela.

4. La comida que más le gusta es...
- **a.** ☐ la paella.
- **b.** ☐ la sopa de patatas.
- **c.** ☐ la sopa de zanahoria.
- **d.** ☐ la hamburguesa con patatas fritas.

5. Después del bachillerato quiere...
- **a.** ☐ pasar un año en el extranjero.
- **b.** ☐ viajar con sus mejores amigas.
- **c.** ☐ empezar una carrera universitaria.
- **d.** ☐ buscar un trabajo en una ciudad grande.

6. Durante las vacaciones le gusta leer...
- **a.** ☐ libros de amor.
- **b.** ☐ literatura clásica.
- **c.** ☐ novelas policíacas.
- **d.** ☐ literatura contemporánea.

Esuchar

3 **Escucha lo que cuenta la chica y marca las respuestas con una cruz, con ayuda de los ejercicios 1 y 2.**

▶ Comprensión selectiva, p. 163

Antes de escuchar un texto auditivo,
- intenta familiarizarte con el contexto,
- prepara o reactiva el vocabulario temático,
- lee atentamente el encargo: ¿Qué hay que hacer?

Tarea: Vas a escuchar un diálogo en una agencia de viajes. Sigue las instrucciones.

mauritius images/Marek Slusarczyk

1 **Escucha y decide si las afirmaciones son correctas (C) o falsas (F). Corrige las afirmaciones falsas.**

	C	F
1. Los señores van a volar de Lima a Madrid, y a la vuelta, de Barcelona a Lima.	☐	☐
2. En Madrid se van a quedar una sola noche.	☐	☐
3. En Toledo quieren ir a comer en un restaurante famoso.	☐	☐
4. De Toledo a Granada van a ir en tren.	☐	☐
5. En Granada se quedan dos noches y visitan la Alhambra.	☐	☐
6. En Sevilla los dos van a ir a ver una corrida de toros.	☐	☐
7. De Sevilla a Valencia van a ir en avión.	☐	☐
8. De Valencia vuelven a Madrid y de allí irán a Barcelona.	☐	☐

____

____

____

____

____

____

2 **Vuelve a escuchar el diálogo y completa el resumen de la segunda parte del viaje.**

La pareja peruana va a ir a ______________ y de allí a Denia. Allí van a dormir en casa de una ______________ de la mujer. Se van a quedar ______________ días para ______________. En Barcelona, el hombre quiere visitar el Camp Nou. Los dos se interesan por ______________ de Gaudí, pero también quieren ver La Rambla y ______________. Van a tener tiempo para visitar las ______________ romanas en Tarragona. El vuelo de vuelta es el día ______________ a las nueve de la ______________.

Tarea: Vas a escuchar la biografía de Íker Casillas, uno de los porteros más famosos de España. Realiza la tarea siguiendo las instrucciones.

Íker Casillas en acción

1 Lee las preguntas del ejercicio 2 e imagina cuál podría ser la respuesta correcta.

2 Escucha y marca la respuesta correcta.

1. ¿Cuál era la profesión de su madre?
   - a. ☐ funcionaria
   - b. ☐ peluquera
   - c. ☐ educadora
2. ¿Qué pasó en 1999?
   - a. ☐ Jugó su primer partido oficial.
   - b. ☐ Firmó un contrato en el Real Madrid.
   - c. ☐ Empezó a jugar en el Atlético de Madrid.
3. ¿Cómo se llama el portero al que sustituyó?
   - a. ☐ Vicente
   - b. ☐ Enrique
   - c. ☐ Cañizares
4. En 2010, con la selección española, «La Roja», ...
   - a. ☐ ganó la Copa del Rey.
   - b. ☐ fue Campeón Mundial.
   - c. ☐ fue Campeón de Europa.
5. La profesión de Sara, su exmujer, es...
   - a. ☐ periodista.
   - b. ☐ deportista.
   - c. ☐ directora de televisión.
6. ¿Para qué organización solidaria trabajó Casillas?
   - a. ☐ para Unicef.
   - b. ☐ para una ONG en Perú.
   - c. ☐ para la Asociación del Mérito Deportivo.

Tarea: Vas a escuchar un programa de radio sobre recetas para preparar comida con los niños. Realiza la tarea siguiendo las instrucciones.

1 **Antes de escuchar:** Lee las preguntas y apunta con lápiz ideas para posibles soluciones al lado.

2 Escucha atentamente y termina las frases en pocas palabras.

1. El presentador empezó a cocinar junto con sus hijos... *cuando tenían seis años.*
2. Un plato sencillo para niños es, por ejemplo, ... ____________
3. Hay que despertar el interés por la cocina en los niños porque... ____________
4. Pero tampoco no hay que olvidar nunca que... ____________
5. Para los niños no es bueno comer mucha... ____________
6. Un buen plato de comida es el resultado de... ____________
7. Para que los niños coman de forma saludable, deben conocer... ____________
8. Los tomates y las patatas vienen de... ____________

Auf den folgenden Seiten trainieren Sie ausgewählte Aspekte der Kompetenz Sprechen und bereiten sich so gezielt auf Sprechaufgaben im Unterricht oder in Prüfungssituationen vor:

Entrenarse para hablar de una imagen (1)

Tarea: Tienes que describir una imagen. Prepárate con el ejercicio 1.

1 a **Completa el siguiente esquema con estas expresiones:**

en el centro | a la derecha | en la parte superior | en el primer plano | a la izquierda | en la parte inferior | al fondo

stock.adobe.com/Spargel

b **Para describir una imagen puedes utilizar varias expresiones:**

Se trata de un/a foto/cuadro/dibujo/caricatura/diagrama/[...] en blanco y negro / de colores
La imagen / La foto / [...] muestra/ilustra/[...]
En la foto / el dibujo / [...] se ve/n / hay / se encuentra/n / se distingue/n / [...]

c **Describe la foto de arriba teniendo en cuenta los siguientes aspectos.**

1. ¿Qué tipo de imagen es (foto, dibujo, ...; de colores / en blanco y negro)?
2. ¿Hay texto (título, pie de foto, bocadillo, etc.)?
3. Apunta la información acerca del fotógrafo o del artista, si la hay.
4. Si hay personas, describe sus actividades, por ejemplo, con el gerundio.
5. Utiliza adverbios y preposiciones para describir lo que ves.

arriba | abajo | al lado (de) | entre [...] y [...] | encima de | debajo de | delante de | detrás de

2 Ahora elige una de las tres imágenes de abajo y descríbela a tu compañero/-a en un minuto. Después, él/ella tiene 30 segundos para completar tu descripción. ▶ Imágenes, p. 175

mauritius images/Roberto Fumagalli

mauritius images/alamy stock photo/Eugene Sergeev

Cornelsen/Rafael Broseta

Entrenarse para hablar de una imagen (2)

Tarea: Tienes que hablar aprox. tres minutos, relacionando dos imágenes. Realiza la tarea siguiendo las instrucciones.

✓ En esta tarea no se trata solo de describir dos o más imágenes, sino de establecer una relación entre ellas, de encontrar puntos en común o también diferencias. Las imágenes son el punto de partida para la discusión de un tema.

1 a Mira las dos imágenes y apunta una posible relación entre ellas.

stock.adobe.com/1996 Adobe Systems Incorporated

stock.adobe.com/PASQ

b Apunta tus ideas sobre cómo se podría afrontar la crisis del medio ambiente. Lo puedes hacer en una lista o en un mapa mental. También puedes añadir ejemplos de tu vida cotidiana. De conclusión puedes dar tu opinión sobre estas prohibiciones.

c Da una charla de aprox. tres minutos. Relaciona las dos imágenes y explica qué ideas nos dan para afrontar la crisis del medio ambiente. ▶ Imágenes, p. 175

Tarea: Tienes que hablar dos minutos de uno de estos temas: presentar la situación del transporte público en tu ciudad o región –presentar una fiesta típica de tu región– explicar por qué los medios sociales te parecen importantes (o no). Sigue las instrucciones.

1 Elige un tema de la tarea y haz un mapa mental.

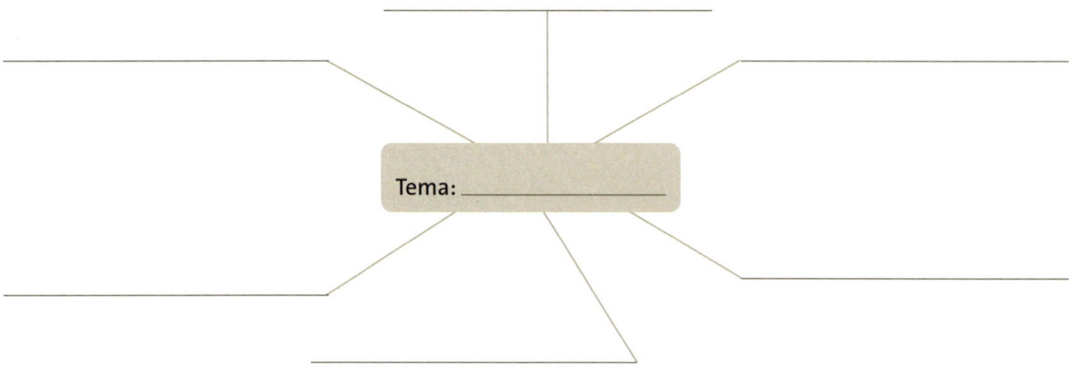

2 Enumera los aspectos en tu mapa mental para ponerlos en un orden lógico. ▶ Presentar un tema, p. 164

3 a Grábate con el móvil o la tableta mientras das la charla de dos minutos con ayuda de tu mapa mental.

b Escucha tu charla y revísala con la siguiente tabla. Si no estás satisfecho/-a, apunta lo que quieres mejorar:

Contenido	Para mejorar mi presentación puedo...
¿Has hablado más o menos dos minutos? Si no: ¿Puedes añadir más aspectos?	____________ ____________
¿Has mencionado lo que querías mencionar o falta algo? Compara con tu mapa mental.	____________ ____________
¿El orden de los puntos que mencionas es lógico o deberías cambiar algo?	____________ ____________

Lengua	
¿Estás satisfecho/-a con la pronunciación?	Practica la pronunciación de las palabras que te parecen difíciles, ten cuidado con el acento tónico[1].
¿Haces muchas pausas innecesarias?	Vuelve a tu mapa mental. Quizás tienes que añadir más información o más detalles para saber qué quieres decir.
¿Dices muchas veces «mh» o algo parecido?	Mira los consejos en la p. 41 de este cuaderno.
¿Mencionas los temas, pero faltan conectores entre ellos?	Mira las expresiones ▶ **Presentar un tema, p. 164, La discusión, p. 165**

1 **el acento tónico** der Wortakzent

4 Vuelve a dar tu charla. Trabaja con otra persona para que te dé un *feedback* o graba tu charla otra vez para comparar las dos versiones.

Tarea: Tienes que presentar un tema en aprox. diez minutos. Sigue los pasos a continuación.

Prepara bien tu presentación:
- planea la estructura y piensa en cómo conectar los aspectos que vas a presentar,
- elige un medio adecuado: un póster, diapositivas digitales, etc.
- vigila el vocabulario específico,
- adapta tu voz y la velocidad con la que hablas para que tu público te pueda seguir.

1 Elige una comunidad autónoma de España, una región de México o una ciudad de América Latina, piensa en posibles aspectos para tu presentación, busca la información necesaria y apúntala en un mapa mental.

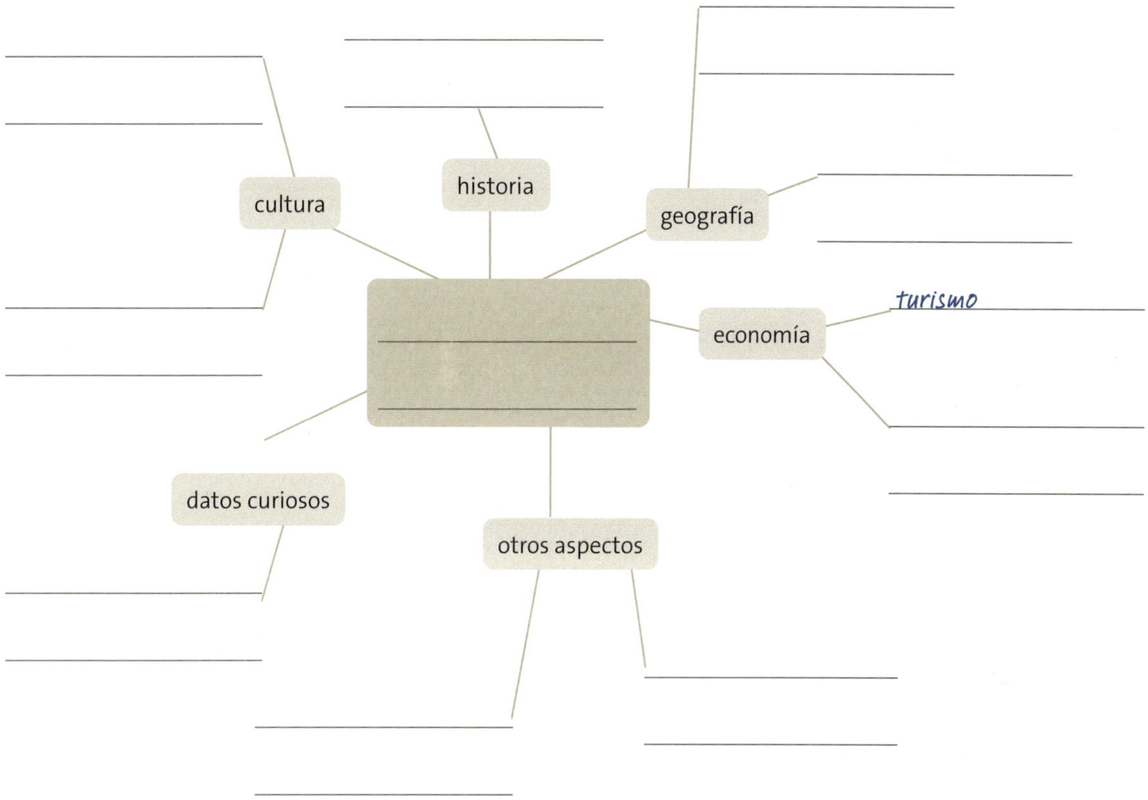

2 Enumera los aspectos de tu mapa mental para ponerlos en un orden, por ejemplo, de lo general a lo más específico.

3 Practica tu presentación y grábate con el móvil o la tableta para poder mejorar tu presentación con la ayuda de las estrategias en la p. 41. Si te grabas en vídeo, también puedes comprobar si miras al público. ► Presentar un tema, p. 164

No olvides que la presentación debe tener una introducción, una parte central y una conclusión. Mantén el contacto visual con el público e invita a la gente a hacer preguntas al final de la presentación.

En una discusión tienes que presentar tus argumentos, pero también tienes que reaccionar a lo que dice la persona que tienes enfrente. Por eso conviene prepararse bien para poder reaccionar a los argumentos en contra de los tuyos. Intenta mantener contacto visual con la(s) otra(s) persona(s) durante la discusión o el debate.

Tarea: **Vas a discutir sobre esta propuesta: Cada joven debe trabajar obligatoriamente en un proyecto social o ecológico durante seis meses. Sigue las instrucciones.**

1 Apunta todos los argumentos a favor y en contra de la propuesta.

Argumentos a favor	Argumentos en contra

2 Apunta con qué argumentos podrías responder a los argumentos de la otra persona si no estás de acuerdo con ellos.

3 Apunta expresiones útiles para una discusión. ▸ La discusión, p. 165

expresar la opinión: ______

______

mostrar acuerdo: ______

mostrar desacuerdo: ______

proponer algo: ______

pedir una explicación: ______

ganar tiempo: ______

______

4 **Antes de discutir, mira la tabla de evaluación de abajo para saber qué aspectos son relevantes durante la discusión.**

5 **Decidid quién de vosotros está a favor y quién en contra de la idea. Preparaos y discutid en parejas con ayuda de 1–3. Nombrad también a dos personas que observarán la discusión y luego darán *feedback*.**

6 **Las personas que han observado la discusión dan *feedback*. Esta tabla os ayuda.**

Aspectos	Animar y elogiar[1]	Criticar y recomendar
Contenido argumentos lógicos y convincentes estructura de la argumentación ejemplos para explicar el punto de vista [...] **Lengua** uso de vocabulario específico variedad de palabras uso de conectores, de adjetivos, [...] [...] **Actitud** velocidad volumen pronunciación contacto visual	• Lo que me ha gustado de tu argumentación ha(n) sido... • Tus argumentos me han parecido muy claros / estructurados / [...] • La estructura de tu argumentación me ha ayudado a entender tu punto de vista. • Has utilizado una variedad de... • Me ha gustado que... + *subjuntivo* • Me parece que...	• Lo que no me ha convencido ha(n) sido... • Tus argumentos no me han parecido (muy) bien estructurados. • Podrías... / ¿Por qué no...? / Yo que tú... + *condicional* • Has repetido las mismas expresiones / palabras varias veces, por ejemplo... • Tendrías que hablar más alto/ rápido/despacio. • Trata de pronunciar las palabras claramente. • Haz pausas. • Busca el contacto visual con la otra persona.

[1] **elogiar** loben

Aspectos	Animar y elogiar	Criticar y recomendar
Contenido argumentos lógicos y convincentes estructura de la argumentación ejemplos para explicar el punto de vista [...]		
Lengua uso de vocabulario específico variedad de palabras uso de conectores, de adjetivos, [...] [...]		
Actitud velocidad volumen pronunciación contacto visual		

Tarea: Vais a discutir durante aprox. siete minutos sobre este tema: ¿Qué es lo más importante para tener una buena relación con los padres? Seguid las instrucciones.

1 Apunta argumentos a favor de los siguientes aspectos.

Aspectos	Argumentos a favor
comprenderse	
respetarse	
tener intereses comunes	
decir la verdad	
tener confianza[1]	
divertirse	

1 **tener confianza** Vertrauen haben

2 Toma la lista de expresiones para discutir de la tarea anterior (p. 38/3) y marca tres o de cada función.

3 Discutid en parejas o en grupos de tres personas con ayuda de 2. Nombrad también a dos o tres observadores.
▸ La discusión, p. 165

4 Las personas observadoras dan *feedback*.

Contenido	Para mejorar puedes...
Has presentado bien tus argumentos y has escuchado los argumentos de la otra persona.	
Has sabido reaccionar sobre los argumentos en contra de tu opinión.	

Lengua y actitud	
Has utilizado por lo menos dos expresiones de cada función (p. 38).	
Has tratado con respeto a la otra persona y has mantenido contacto visual con ella.	

5 Cambiad los papeles: ahora las personas que antes han observado discutirán y serán observadas por sus compañeros/-as.

En situaciones espontáneas, pero también bajo estrés muchas veces es difícil recordar las palabras adecuadas para expresarse bien. Estas estrategias te ayudan a reaccionar bien en esas situaciones.

Cómo expresar algo si no sabes la palabra en español

– comparar

Pues, es algo como una silla.

Parece un gato muy grande.

– explicar la función

Es algo con que se puede grabar la voz.

Es para hacer fotos.

Sirve para estudiar idiomas.

– describir el contexto

Esta cosa se encuentra en el instituto, en cada aula.

– referirse a una persona, imagen o cosa

Mira, es esta cosa que ves allí.

Mira, es lo que hace Ana también.

Es lo que Marco se compró la semana pasada.

Es lo que le gusta comer a Gabriel.

Cómo ganar tiempo para pensar o buscar más argumentos

– pedir tiempo

Déjame pensar un momentito, por favor.

Esperad un segundo, por favor.

¡Un momento, por favor!

– preguntar a otra persona

Pues, ¿qué pensáis de esta idea?

¿Qué opinas tu?

Y tú, ¿qué dirías?

– mantener el contacto con el público

No sé si me explico...

¿Cómo os lo puedo explicar...?

¿Me seguís?

– decir algo sin decir nada en concreto

Es que....

Bueno, ...

Pues, ...

Este...

A ver...

En alemán alargamos las consonantes: «emmm». En español se hace con las vocales: «bueeeno», «pueees», «claaaro», etc.

Otros aspectos que debes tener en cuenta al presentar algo

- Tú eres el experto / la experta, pero quizás tu público no conoce todas las palabras. Explica las palabras clave antes de empezar tu presentación.
- Aunque estés nervioso/-a, recuerda hablar despacio para que todos te entiendan.
- Mira a tu público para ver si todos te pueden seguir.
- Si utilizas un programa de presentación, escribe solo los puntos clave, no todo el texto.
- Recuerda que te has preparado muy bien y que no tienes por qué ponerte nervioso/-a. No te preocupes. Sonríe y habla con calma. ¡Lo vas a hacer muy bien!

Una megaciudad es una ciudad con más de diez millones de habitantes.

Auf den folgenden Seiten können Sie ausgewählte Aspekte der Kompetenz Mediation noch einmal trainieren und sich so gezielt auf Sprachmittlungsaufgaben im Unterricht oder in Prüfungssituationen vorbereiten:

Entrenarse para explicar palabras desconocidas

A veces no es posible la traducción directa de una lengua a la otra. Puede ser que no haya equivalencia exacta o que no encuentres la traducción en el diccionario. Existen varias estrategias para resolver este problema:

- recurrir a un término más general para explicar una palabra: *Hund* → mascota → animal
- comparar con algo conocido: *Katze* → es como un león o un tigre, pero no es peligroso y más pequeño, vive con las personas
- describir el contexto: *Hund* → con este animal puedes dar un paseo por el parque
- recurrir a sinónimos o antónimos: *hell* → es el contrario de oscuro
- recurrir a palabras de la misma familia: *Reisende/r* → una persona que va de viaje / que viaja
- describir la función: *Füllfederhalter* → es algo para escribir con tinta

1 a Erklären Sie sich gegenseitig auf Deutsch die folgenden Gegenstände, ohne ihre Namen zu nennen.

Shutterstock.com/Konrad Mostert

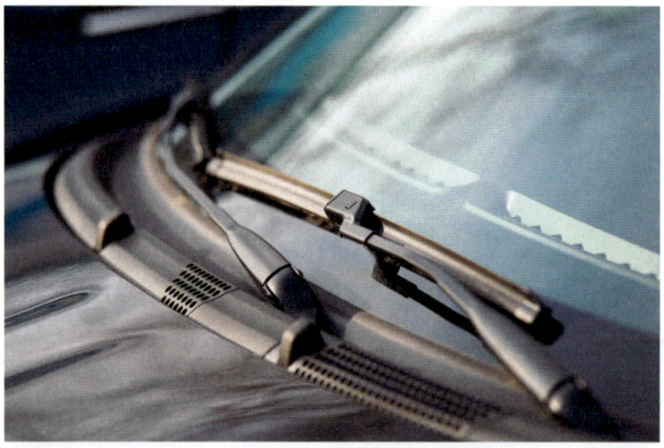

stock.adobe.com/Wellnhofer Designs

stock.adobe.com/Digital Mammoth

stock.adobe.com/katsuhiko kato

b Erklären Sie sich die Gegenstände von 1a auf Spanisch. ▸ Parafrasear palabras, p. 181

2 Erklären Sie einander auf Spanisch die folgenden Gegenstände. ▸ Parafrasear palabras, p. 181

Tintenkiller | Regenjacke | Bushaltehäuschen | Klavierstimmer | Pampelmuse | Schubkarre | Topfschlagen

1 Explica con pocas palabras las siguientes cosas o situaciones a un amigo español que nunca ha vivido en Alemania. Ten en cuenta los consejos de la página 42.

den Maibaum aufstellen	*Es una gran fiesta que se celebra la noche al primer día de mayo. La gente levanta y decora un árbol de varios metros de altura.*
die Schultüte	
der Abiball	
die Bundesjugendspiele	
das Pausenbrot	
die Helikoptereltern	
der Ohrwurm	
der gelbe Sack	
das Flaschenpfand	
das Elterntaxi	
die Dorfjugend	
die Hausschuhe	

✓ Como en las tareas de expresión escrita, también la mediación escrita tiene tres fases: la preparación, la redacción y la revisión. El primer paso consiste en leer bien las instrucciones para saber qué tipo de texto hay que escribir y qué información hay que dar a la persona a la que se dirige el texto.

1 a Lee la tarea e identifica los siguientes aspectos: ¿Qué tipo de texto tienes que escribir? ¿Sobre qué tema debes escribir? ¿Qué te piden los operadores? Subraya la información correspondiente y apúntala en la tabla.

Aufgabe: Eine spanische Freundin bittet Sie um Unterstützung bei einem Projekt über Jugendliche, die mit mehreren Sprachen aufwachsen. Sie haben das folgende Interview mit Lea über die Regionalsprache Sorbisch (*el sorabo*) gefunden. Schreiben Sie Ihrer Freundin eine E-Mail und erklären Sie ihr, wie Lea mit den zwei Sprachen lebt, welche Bedeutung das Sorbische für sie hat und welche Herausforderungen sie sieht (ca. 200 Wörter). Folgen Sie den Anweisungen.

¿Sobre qué tema o sobre qué aspectos temáticos debes escribir?	¿Cuál es la situación comunicativa? – ¿De qué tipo de texto se trata? – ¿A quién se dirige el texto? – ¿Por qué escribes el texto? – ¿Qué registro es necesario?	¿Qué te piden los operadores
	un e-mail a	escribir

✓ In der Lausitz, im Osten von Sachsen und Brandenburg nahe der Grenze zu Polen bzw. der Tschechischen Republik, leben etwa 60 000 Sorben, von denen ungefähr ein Drittel Ober- bzw. Niedersorbisch spricht. Als westslawische Sprache ist das Sorbische mit dem Tschechischen und dem Polnischen verwandt.

b Vuelve a leer la tarea de 1a y subraya en el texto la información necesaria para resolver la tarea.

Auf dem Weg zur ersten Fußball-Bundesliga

Am liebsten ist Lea (18) in der Umgebung um Bautzen herum unterwegs – „Das ist meine Gegend“, sagt sie in unserem Gespräch. Am Wochenende reist die talentierte Schiedsrichterin aus Kleinwelka aber auch durch ganz Sachsen, um Fußballspiele der höheren Ligen zu pfeifen. Der Sport ist ihre große Leidenschaft. Das merkt man sofort. Im Interview berichtet sie uns, welche Herausforderungen sie als sorbische Schiedsrichterin meistern muss.

Du hast das Sorbische Gymnasium in Bautzen besucht. Sprichst du die Sprache fließend?

Ja, Sorbisch ist meine Muttersprache. Meine Mutter ist sorbische Muttersprachlerin, daher haben wir die Sprache schon zu Hause gelernt.

Siehst du für dich einen Mehrwert darin, dass du mit Sorbisch eine weitere Sprache sprichst?

Absolut. Viele sagen ja, dass die Sprache einem außerhalb der Region nicht mehr viel bringt. Ich sehe das etwas anders. Dadurch, dass wir mit Sorbisch als slawische Sprache auch ein Verständnis für die tschechische, polnische oder russische Sprache haben, können wir auch besser nachvollziehen, wie deren Kultur aufgebaut ist. Kultur und Sprache sind oft miteinander verknüpft. Man kann mit einer weiteren Sprache also mehr Verständnis für andere aufbauen, und das finde ich wichtig.

Nutzt du die sorbische Sprache auch als Schiedsrichterin auf dem Spielfeld?

Wenn ich in der Landesklasse der Herren pfeife, dann spielt die sorbische Sprache keine wirkliche Rolle – die Spiele finden in ganz Sachsen statt. Aber in der Region gibt es natürlich Mannschaften, in denen Sorbisch gesprochen wird. Ich taste mich bei jedem Spiel heran, inwieweit ich mal eine sorbische Ansage machen kann oder nicht.

Worauf musst du dabei achten?

Einerseits ist es toll, wenn ich mal ein paar Wörter auf Sorbisch mit den Spielerinnen und Spielern wechseln kann. Das mache ich vor allem gern vor einem Spiel, weil das eine gute Atmosphäre schafft und für mich einfach dazu gehört. Während des Spiels kommt es aber vor allem darauf an, das Wesentliche nicht aus dem Auge zu verlieren und sich auf den Fußball zu konzentrieren. Wenn ich eine wichtige Ansprache halte, die Außenwirkung haben soll, spreche ich natürlich auf Deutsch, damit das alle verstehen. Wenn ich mal nur zu zweit einen Dialog führe und den Spieler kenne, dann sag ich auch mal was auf Sorbisch. Es kommt hier auf das Feingefühl an.

Und wie ist es zwischen den Mannschaften mit den verschiedenen Sprachen? Gibt es da mal Situationen, die du als Schiedsrichterin klären musst?

Manchmal fällt schon so ein Spruch wie „Sprich Deutsch!“. Dann kann es auch mal eine Ermahnung geben. Denn auch wenn die Emotionen beim Sport aufkochen, muss man sein Gegenüber immer respektieren. Meistens fallen solche Sprüche jedoch, wenn eine Mannschaft zurückliegt. Die anderen nehmen das deswegen meistens nicht zu persönlich.

Du gehst ja sehr offen und selbstbewusst mit der sorbischen Sprache um. Was würdest du anderen in deinem Alter raten, die sich das vielleicht nicht so trauen?

Ich würde einfach sagen: Habt den Mut, die Sprache zu sprechen und dann wird das alles schon werden. Und wenn mal ein blöder Kommentar kommen sollte: Die, die sowas sagen, sollen sich erstmal in die Lage hineinversetzen, was es für eine Arbeit ist, eine weitere Sprache zu lernen. Jede weitere Sprache ist eine tolle Leistung und etwas Besonderes.

Vielen Dank für das Interview.

Stefan Rennert, www.sorbisch-na-klar.de (2020)*, ca. 530 Wörter

c Vuelve a leer el texto y apunta en la tabla de abajo los aspectos difíciles de entender para una persona que no conoce Alemania. Explícalos en español (puedes hacerlo primero en alemán). Así tu amiga podrá entender mejor tu explicación.

Aspectos culturales difíciles	(Explicación en alemán)	Explicación en español
Sorbisch	eine Sprache, die mit dem	el sorabo es una lengua
	Polnischen und dem	que
	Tschechischen verwandt	
	ist und	

2 Vuelve a leer la tarea en la p. 44. Escribe el e-mail a tu amiga española (aprox. 180 palabras), teniendo en cuenta la preparación de 1a–c.

3 Revisa y corrige tu e-mail con ayuda de los consejos de la página 25 de este Cuaderno. ► Evitar errores, p. 183

1 Lee la tarea e identifica los siguientes aspectos: ¿Qué tipo de texto tienes que escribir? ¿Sobre qué temas debes escribir? ¿Qué te piden hacer los operadores? Subraya la información correspondiente y apúntala en la tabla.

Aufgabe: Mit Ihrer spanischen Partnerschule veranstalten Sie ein Projekt zum Thema Nachhaltigkeit. Sie haben diesen Bericht des Bundeszentrums für Ernährung gefunden und möchten den Verein Foodsharing vorstellen. Verfassen Sie eine E-Mail (ca. 180–200 Wörter) an die spanischen Projektmitglieder, in der Sie ihnen die Initiative und deren Ziele erläutern und auch darstellen, wie diese Ziele erreicht werden sollen. Folgen Sie den Anweisungen.

¿Sobre qué aspectos temáticos debes escribir?	¿Cuál es la situación comunicativa? – ¿De qué tipo de texto se trata? – ¿A quién se dirige el texto? – ¿Por qué escribes el texto? – ¿Qué registro es necesario?	¿Qué te piden los operadores

Foodsharing: Lebensmittel teilen statt wegwerfen

Essen retten, Essen teilen und auf Lebensmittelverschwendung aufmerksam machen, das ist die Idee des Foodsharings.

„Brot und Obst im Fair-Teiler – holt es schnell, damit es nicht zu lange in der Hitze steht!", so lautet ein öffentlicher Beitrag auf der Online-Pinnwand der Plattform. Die Internetseite ist das soziale Netzwerk der Foodsharer. Hier werden überschüssige Lebensmittel kostenfrei mit anderen geteilt.

Wie funktioniert Foodsharing?

Auf der Online-Plattform können Privatpersonen einen eigenen Account als Foodsharer anlegen und ihre Lebensmittelreste als so genannte Essenskörbe öffentlich inklusive Ortsangabe anbieten. Diese virtuellen Essenskörbe werden auf einer Landkarte angezeigt. Wer sich für das Angebot interessiert, kann den Besitzer des Essenskorbes anschreiben, anrufen oder direkt besuchen. Die Lebensmittel werden immer kostenfrei abgegeben.

Wer Lebensmittel übrig hat, kann sie auch in so genannte Fair-Teiler legen. Das sind öffentlich zugängliche Kühlschränke oder Boxen, in denen gerettete Lebensmittel zum Tausch zwischengelagert werden. Sobald jemand etwas in einen Fair-Teiler gelegt hat, teilt er dies in einem Beitrag auf der Online-Pinnwand der Webseite mit. Jeder darf sich kostenfrei am Fair-Teiler bedienen.

Neben den Foodsharern, die Lebensmittel aus ihrem Privathaushalt mit anderen teilen, gibt es die Foodsaver (Lebensmittelretter). Foodsaver arbeiten ehrenamtlich im Auftrag einer regionalen foodsharing-Gruppe. Sie holen überschüssige Lebensmittel bei kooperierenden Lebensmittelunternehmen ab und verteilen sie entweder an gemeinnützige Einrichtungen, an Privatpersonen oder legen sie in Fair-Teiler. […]

Die Initiative foodsharing

Seit 2012 gibt es die Initiative foodsharing, die der Kölner Filmemacher Valentin Thurn nach seiner Dokumentation „Taste The Waste" zum Thema Lebensmittelverschwendung ins Leben rief. Seine Idee: übriggebliebene Lebensmittel mit anderen privat teilen, statt sie wegzuwerfen. Eine ähnliche Bewegung – die Foodsaver (Lebensmittelretter) – entwickelte sich damals in Berlin. Deren Pionier Raphael Fellmer sprach damals Supermärkte an, um aussortierte Lebensmittel legal zu erhalten, anstatt die Lebensmittel illegal aus den Mülltonnen der Supermärkte zu retten.

Foodsharer und Foodsaver haben sich 2014 zusammengeschlossen und agieren seitdem gemeinsam als Foodsharing e. V. […] Die Foodsharer sammeln übriggebliebene Lebensmittel bei Supermärkten, Bäckereien oder Kantinen ein und geben die Lebensmittel geldfrei an soziale Einrichtungen oder öffentliche Verteilstellen.

Dieses ehrenamtliche Engagement gegen Lebensmittelverschwendung wurde 2016 vom Bundesministerium für Landwirtschaft und Ernährung mit dem „Zu gut für die Tonne"-Bundespreis in der Kategorie Gesellschaft und Bildung ausgezeichnet. Der Rat für Nachhaltige Entwicklung kürte foodsharing zudem als „Projekt Nachhaltigkeit 2017".

Foodsharing versteht sich als unabhängige, überparteiliche, allgemeinnützige Initiative, die das Ziel der Vereinten Nationen, die Verringerung der Lebensmittelverschwendung bis 2030 um 50 %, erreichen möchte. So fordert foodsharing ein gesetzlich festgelegtes Wegwerfverbot von Lebensmitteln für Supermärkte und eine transparente Lebensmittelkette in Deutschland. Foodsharing möchte für mehr Bewusstsein sorgen, dass alle etwas gegen die Verschwendung von Lebensmitteln tun können.

Aktives Netzwerk aus regionalen foodsharing-Gruppen

In Deutschland gibt es viele eigenständige foodsharing-Gruppen, die von so genannten Botschaftern koordiniert werden. Die ebenfalls ehrenamtlich arbeitenden Botschafter sind für die Öffentlichkeitsarbeit zuständig, arbeiten Foodsaver ein, organisieren regelmäßige Treffen und Veranstaltungen, überprüfen die Einhaltung der foodsharing-Regeln und koordinieren die Zusammenarbeit mit ausgesuchten Lebensmittelbetrieben. [...]

Warum überhaupt Foodsharing?

Im Durchschnitt wirft jeder von uns 82 Kilogramm Lebensmittel pro Jahr in den Müll. Darunter befinden sich viele Produkte, die noch essbar wären. Wir werfen Lebensmittel weg, weil sie nicht mehr schön aussehen, das Mindesthaltbarkeitsdatum abgelaufen ist, weil wir zu viel eingekauft haben oder wir keine Lust mehr auf das Lebensmittel haben.

Foodsharing macht auf diese Verschwendung aufmerksam, regt zu einem verantwortungsvollen Umgang mit unseren Ressourcen an und bietet eine Tauschplattform für übriggebliebene Lebensmittel.

Carmen Menn, BZfE (2020)*, ca. 560 Wörter

2 Escribe el e-mail (aprox. 200 palabras) a los miembros del proyecto, según la tarea.

3 Después de escribir tu texto, repasa y revisa tanto la lengua como el contenido. Para saber cómo hacerlo, consulta la página 25 de este Cuaderno y la página 183 del Libro. ▸ Evitar errores, p. 183

Aufgabe: Ihre Freundin Verena hat der spanischen Austauschschülerin Marina die folgende Karikatur gezeigt, denn Marina interessiert sich sehr für das Thema Klimawandel. Doch sie versteht die Zeichnung nicht ganz. Verena würde sie Marina gern erklären, spricht aber noch nicht so gut Spanisch. Helfen Sie den beiden, sich zu verständigen. Folgen Sie den Anweisungen zur Vorbereitung des Gesprächs.

1 Mira la caricatura y toma apuntes para preparar la conversación. Busca en un diccionario las palabras que no conozcas.

Klaus Stuttmann/toonpool.com

Si tienes tiempo para preparar la interpretación, mírate toda la información disponible e imagina qué podrían decir y preguntar las personas. Además, piensa en lo que necesita saber una persona que no es del lugar. Por último, es posible que tengas que explicar palabras que no conozcas en español. En este caso, utiliza sinónimos o parafrasea: Es como... / Es algo para... / Sirve para...

1. Prepara el vocabulario para hablar de lo que se ve en la caricatura:

das Meer	____________	der Strand	____________
der Himmel	____________	der Sonnenschirm	____________
die Düne	____________	das Boot	____________

2. Explica este elemento típico de las playas alemanas:

der Strandkorb: es un sillón ____________

____

____

____

3. Apunta los nombres de los edificios de Berlín que se ven en la caricatura:

el Reichstag ____________________

____

4. Prepara el vocabulario para explicarle a Marina lo que dice en el bocadillo:

die Erderwärmung: ____________________

____

die Ostsee: ____________________

2 **Escucha la conversación y haz de intérprete entre Verena y Marina. Puedes leer las primeras frases aquí. Toma apuntes. Después interpreta directamente el texto auditivo. Habla siempre después de la señal acústica. Si es necesario, haz una pausa en la reproducción para tener más tiempo.** ► Hacer de intérprete, p. 173

Verena: Hallo Marina!

Marina: Hola Verena, ¿qué tal?

Tú saludas también: Hola Marina, hallo, Verena. ____________________

Verena: Danke, dass du dolmetschst! Das ist super! Frag Marina doch gleich mal, ob ihr die Karikatur gefällt und was sie nicht versteht.

Tú: ____________________

____

Marina: Bueno, el dibujo parece muy divertido, pero no entiendo dónde está el chiste. A ver, lo que se ve es la costa alemana en el mar del Norte, ¿verdad? Y la ciudad a la derecha, ¿cuál es? ¿Hamburgo?

Tú: ____________________

____

Verena: Nein, das ist ein Strand an der Ostsee, und rechts das ist Berlin, das sieht man ja am Fernsehturm und dem Brandenburger Tor.

Tú: ____________________

____

____

Marina: Ah, es Berlín la ciudad a la derecha... Pero, no entiendo, Berlín no está en el mar que yo sepa, no está tan cerca de la costa, ¿no?

____

____

1 a Lee la tarea y subraya lo que tienes que hacer exactamente.

Aufgabe: Ihre Freundin Araceli lebt in Valencia. Sie kennt das Verkehrskonzept in der galicischen Stadt Pontevedra (Schulbuch, S. 84–85) und fragt Sie, ob es auch in Deutschland solche Initiativen gibt. Sie hören einen Podcast des Deutschlandfunks und erläutern Ihrer Freundin, über welche Veränderungen im Münchner Stadtteil Westend nachgedacht wird, wie die jetzige Situation ist und welche kurz- bzw. langfristigen Lösungsvorschläge es gibt. Folgen Sie den Anweisungen und nehmen Sie eine Sprachnachricht für Araceli auf.

b Escucha el texto del podcast y apunta en alemán los aspectos temáticos que se mencionan en la tarea de 1a.

2 Pasa tus notas al español y ordénalas respondiendo a las siguientes preguntas.

1. ¿Qué es lo que quiere la gente? ¿Qué cambios se imaginan?

2. ¿Cuál es la situación actual?

3. ¿Qué propuesta hay a corto plazo[1]? ¿Y a largo plazo[2]?

1 **a corto plazo** kurzfristig 2 **a largo plazo** langfristig

3 Utiliza tus apuntes de 2 para grabar el mensaje de voz[1] en español, según la tarea de 1a.

1 **el mensaje de voz** die Sprachnachricht

Digitale Werkzeuge bieten inzwischen ein großes Angebot an Möglichkeiten, um die Sprache zu korrigieren und zu erweitern, angefangen von der Textkorrektur in Textverarbeitungsprogrammen bis hin zu automatischen Übersetzungen. Auf diesen Seiten lernen Sie, diese Werkzeuge gezielt für Ihren Spracherwerb zu nutzen:

Trabajar con herramientas digitales de corrección automática

✓ Casi todos los programas de textos disponen de autocorrección para revisar la ortografía y los acentos gráficos (las tildes): el programa subraya (posibles) errores o los corrige automáticamente. Sin embargo, estos programas no reconocen todos los errores y, además, a veces «corrigen» donde no hay error. Por lo cual siempre hay que estar muy atento.

1 a Mira estos ejemplos donde el programa de textos con corrección automática te ayuda. Apunta al lado la forma correcta.

Errores de ortografía		Errores de gramática	
Hoy es un dia fenomenal.	________	Todos los chicos cantaba.	________
Es impossible volar sin alas.	________	Son tres euro.	________
Son situaciónes dramaticas.	________	Eran mi mejores amigas.	________
No sé como hacerlo.	________	Son los nuevas coches.	________
Esta casa no es para mi.	________	Han empezados temprano.	________

b Ahora fíjate en estos ejemplos, donde el programa no te ayuda porque no subraya estos errores, ni en rojo, ni en azul.

La comida me gusto.	El programa no indica ni el posible error de 1ª en vez de 3ª persona del singular: «gusta», ni el de ortografía/tiempo: «gustó».
Ya son la 2:30.	El programa no reconoce «2:30» como plural: Son las 2:30 = Son las dos y media.
¿Qué no te gusta el coche? ¿Qué no lo sabías?	El programa corrigió automáticamente «que» en «qué», aunque aquí no es correcto porque este «que» expresa sorpresa.
La película todavía no ha empezada.	El programa no te avisa de que el participio perfecto aquí no funciona como adjetivo y no se adapta al género del sujeto.
Nos vemos un otro día.	El programa no reconoce que «otro/-a» nunca va con el artículo indeterminado (a diferencia del alemán).
Martes no tengo clase.	El programa no te avisa de que hay que decir o «el martes» (= este martes) o «los martes» (= todos los martes).

c En el siguiente ejemplo es difícil o imposible corregir el error sin contexto.

La chica le llama Maribel.

En este caso, la palabra «le» no es correcta, pero el programa no indica el error. Hay tres frases correctas posibles:
1. La chica se llama Maribel.
2. La chica la llama Maribel [a otra chica, aunque esa se llama María].
3. La chica lo llama Maribel [a un chico, por error].

2 a Lee el siguiente e-mail de una chica alemana a su compañera de intercambio en España. El programa de texto ya ha marcado varios errores o posibles errores. Corrige las palabras marcadas.

Hola Marta:

¿Cómo estas? Me estoy bien porqe, después de examen de hoy, ya no tengo que scribir más exámenes.
Cómo está tú familia? Espero que os puedo visitar en mís vacaciones. ¡A mi me gustaría volver a veros muy pronto! Por aquí todo es tan aburrido y tengo tantos ganas de volver a España.
¡Espero que estás bien y que todo salga bien con tús exámenes!

Un besos,

Sophie

b Hay seis errores más que el programa no ha marcado. Busca y márcalos.

c Escribe el e-mail sin errores. Puedes escribir en el ordenador para ver si has eliminado todos los errores.

▶ Escribir textos en español en el ordenador, p. 178

Shutterstock.com/oatawa

Son muy útiles las ayudas para la traducción y los diccionarios en línea. No obstante, hay que ir con cuidado:
- Intenta siempre encontrar una solución tú solo/-a antes de recurrir a la ayuda en línea.
- No utilices un solo diccionario o un solo programa. Compara siempre las soluciones que te ofrecen diferentes diccionarios o programas de traducción automática.
- Utiliza la retraducción[1] español-alemán para asegurarte de que la solución que has encontrado sea adecuada.
- Siempre tienes que comprobar con el diccionario las soluciones de traducción automática para asegurarte de que correspondan al contexto y al registro requeridos. Esto vale especialmente para el registro: los diccionarios renombrados te dan más información al respecto que los programas de traducción automática.

1 **la retraducción** die Rückübersetzung

1 **Lee los siguientes ejemplos de traducción y retraducción automática. ¿Qué te llama la atención?**

Frase a traducir	Traducción automática al-es	Retraducción automática es-al
Die Zeit vergeht wie im Flug.	El tiempo vuela.	Die Zeit vergeht wie im Flug. Die Zeit geht vorbei. Die Zeit verfliegt. Die Zeit vergeht.
	El tiempo pasa volando.	Die Zeit vergeht wie im Flug. Die Zeit vergeht im Flug.

Palabra a traducir	Traducción automática al-es	Retraducción automática es-al
Ecke	rincón	Ecke

Palabra a traducir	Traducción según el diccionario	Retraducción según el diccionario
Ecke	rincón esquina córner/saque de esquina	Ecke Ecke Ecke, Eckstoß, Eckball

Frase a traducir	Traducción automática al-es	Retraducción automática es-al
Wir treffen uns an der Ecke.	Nos vemos en la esquina.	Wir sehen uns um die Ecke.
Das Regal steht in der Ecke.	La estantería está en la esquina.*	Das Regal steht in der Ecke.
Jetzt gibt es eine Ecke.**	Ahora hay una esquina. Ahora hay un rincón.	Jetzt gibt es eine Ecke. Jetzt ist eine Ecke da.

* Diese Übersetzung ist nicht korrekt, denn sie bedeutet zurückübersetzt eigentlich: „Das Regal steht AN der Ecke“, weil *esquina* im Spanischen „die (Häuser)Ecke“ bedeutet, eine „(Zimmer)Ecke“ aber *rincón* heißt.

** Der letzte Satz bezieht sich auf ein Fußballspiel (das weiß das Übersetzungsprogramm aber nicht). Die vorgeschlagenen Übersetzungen sind weder idiomatisch noch funktional korrekt. Passende Übersetzungen wären z. B.: *Ahora (el árbitro) da un córner. / Ahora dan un córner. / Ahora hay córner.*

2 a **Busca las siguientes palabras en el diccionario y apunta las posibles traducciones.** ► Utilizar un diccionario, p. 181

1. die Schlange: ____________________
2. der Absatz: ____________________
3. der Strom: ____________________

b Has encontrado más de una palabra como posible traducción al español. Cuando hay palabras alemanas homónimas («*Teekessel*»), la traducción al español depende del contexto. Traduce las siguientes frases con la ayuda de un diccionario o una herramienta de traducción automática. ▶ Utilizar un diccionario, p. 181

✓ Cuando utilizas un programa de traducción o un diccionario digital, es muy importante no traducir directamente palabras aisladas, sino enfocar el contexto en el que se usa la palabra.

1

Shutterstock.com/Victoria Labadie

Vor dem Museum ist eine lange Schlange. →

2

stock.adobe.com/Narupon

Er hat große Angst vor Schlangen. →

3

Shutterstock.com/coka

Es ist schwer, mit hohen Absätzen zu laufen. →

4

Panther Media GmbH/Lev Dolgachov

Die Wirtschaft ist erfreut über den bedeutenden Absatz an heimischen Produkten. →

5
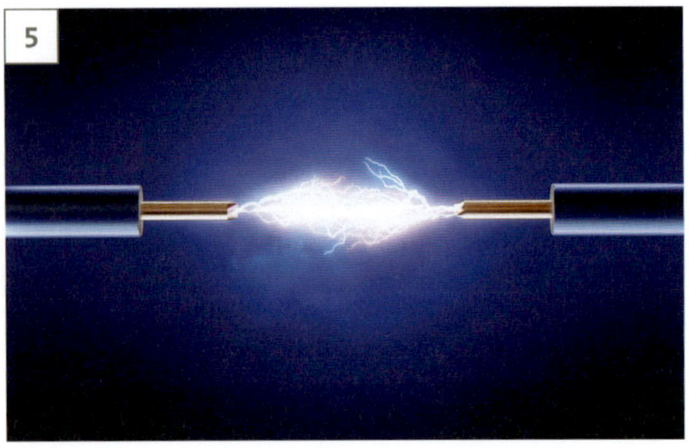
stock.adobe.com/JohanSwanepoel

Jeder kann helfen, Strom zu sparen. →

6

stock.adobe.com/Cmon

Der Amazonas ist einer der wichtigsten Ströme der Erde. →

✓ Los diccionarios en línea y los programas de traducción automática te ayudan a encontrar rápidamente equivalencias léxicas para palabras alemanas. Pero esos programas –como los programas de texto– también te ayudan a ampliar tu vocabulario y a resolver dudas de gramática.
¡Cuidado!: comprueba siempre que la solución del programa realmente sea mejor que la que hayas encontrado tú solo/-a antes.

1 **Para revisar tanto el vocabulario como la gramática, puedes utilizar la retraducción: Primero introduces en el programa de traducción la frase española que quieres revisar, la traduces al alemán y luego vuelves a hacer una retraducción al español. Muchas veces, el programa te ofrece más de una versión. Pruébalo con la siguiente frase.**

Mientras me duchaba... → „Während ich duschte ...“ → Al ducharme / Durante la ducha / ...

2 **A veces la palabra que has utilizado no es «falsa», pero no se trata de una palabra muy concreta o la repites muchas veces en el texto.**

«La catedral del mar» de Ildefonso Falcones se publicó en 2006. Este libro me gusta mucho porque es muy interesante. *A wenig aussagekräftiger Ausdruck*

✓ Mediante los programas de texto o de traducción automática también puedes encontrar palabras o expresiones con un significado parecido («sinónimos»). Para esto sirve el «tesauro». Así se hace: marca la palabra, haz clic con el botón derecho del ratón, elige «sinónimos» y luego «Thesaurus». Para el ejemplo de arriba –«interesante»– el programa te ofrece «extraordinario», «encantador» o «fascinante». Sin embargo, el programa no conoce el contexto de lo que escribes. Por eso, también aparecen palabras como «gracioso», «hermoso», «sugestivo», «llamativo» o «relevante» que aquí no van bien. Siempre hay que comprobar las soluciones para estar seguro, con un diccionario bilingüe, por ejemplo. Aprovecha las posibilidades de ampliar tu vocabulario activo que te ofrecen esos programas.

3 **Busca por lo menos tres alternativas adecuadas para las siguientes palabras o expresiones marcadas y mejora las frases con la ayuda del «tesauro».**

1. El autor del artículo escribe que...

   opina que/ ______________________________

2. El detective le dice al sospechoso que debe callarse.

   ____

3. Al protagonista le gusta ir por las calles de Buenos Aires.

   ____

4. En una ciudad tan grande hay calles anchas con muchas casas.

   ____

5. Durante su viaje por Argentina, la turista española ha visto muchos lugares.

   ____

6. En el parque botánico hay muchas plantas.

   ____

7. En el centro comercial hay tiendas para todos los gustos.

   ____

Nutzen Sie die Rückübersetzung und ein- bzw. zweisprachige Wörterbücher zur Überprüfung Ihrer Sätze.

¿Durante o mientras?

Sie wollen sagen: „Während ich mich duschte, habe ich ein Lied gesungen" und schreiben: «Durante me duchaba, canté una canción.»	Sie geben Ihren spanischen Satz in ein digitales Übersetzungsprogramm ein und erhalten: „Während ich mich duschte, habe ich ein Lied gesungen." Sie ändern die Übersetzungsrichtung (d.h. Sie übersetzen zurück) und erhalten: «Mientras me duchaba, canté una canción.»

Wenn Sie im Wörterbuch nachschauen, entdecken Sie, dass *durante* ein Adverb und *mientras* eine Konjunktion ist, also einen Nebensatz einleitet, so wie Sie es für Ihren Satz brauchen.

¿Desde, hace o desde hace?

Sie wollen sagen: „Seit drei Jahren lebe ich in Madrid" und schreiben: «Hace tres años vivo en Madrid.»	Sie geben Ihren spanischen Satz in das Übersetzungsprogramm ein und erhalten: „Ich lebe seit drei Jahren in Madrid." Nun ändern Sie die Übersetzungsrichtung und erhalten: «Vivo en Madrid desde hace tres años.»

¿Serpiente, cola o fila?

Sie wollen sagen: „Wir waren in der Schlange" und schreiben: «Estuvimos en la serpiente.»	Sie geben Ihren spanischen Satz in das Übersetzungsprogramm ein und erhalten: „Wir waren in der Schlange." Nun ändern Sie die Übersetzungsrichtung und erhalten: «Estuvimos en la cola/fila.» / «Estábamos haciendo cola.»

¿Subjuntivo, indicativo o infinitivo?

Sie wollen sagen: „Es ist sehr wichtig für mich, dass ich diesen Preis gewinne" und schreiben: «Es muy importante para mí que [yo] gane este premio.»	Sie geben Ihren spanischen Satz in das Übersetzungsprogramm ein und erhalten: „Es ist sehr wichtig für mich, dass ich diesen Preis gewinne." Nun ändern Sie die Übersetzungsrichtung und erhalten: «Es muy importante para mí ganar este premio.»

Im Spanischen steht ein Infinitivsatz, wenn sich Haupt- und Nebensatz auf dieselbe Person beziehen. Auch im Deutschen ist es eleganter zu sagen „Es ist sehr wichtig für mich, diesen Preis zu gewinnen."

Sie wollen sagen: „Es ist sehr wichtig für mich, dass du diesen Preis gewinnst" und schreiben: «Es muy importante para mí que [tú] ganas este premio.»	Sie geben Ihren spanischen Satz in das Übersetzungsprogramm ein und erhalten: „Es ist sehr wichtig für mich, dass du diesen Preis gewinnst." Nun ändern Sie die Übersetzungsrichtung und erhalten: «Es muy importante para mí que [tú] ganes este premio.»

Wenn sich Haupt- und Nebensatz nicht auf dieselbe Person beziehen ist, kann nicht der Infinitiv stehen. Im Spanischen muss nach einem unpersönlichen Ausdruck hier der *subjuntivo* verwendet werden.

¿Pretérito imperfecto o pretérito indefinido?

Sie wollen sagen: „Als ich die Straße entlangging, traf ich einen Freund" und schreiben: «Cuando caminé por la calle, me encontré con un amigo.»	Sie geben Ihren Satz in das Übersetzungsprogramm ein und erhalten: „Als ich die Straße hinunterging, traf ich einen Freund." Sie ändern die Übersetzungsrichtung und erhalten: «Mientras caminaba por la calle, me encontré con un amigo.» / «Caminando por la calle, encontré a un amigo.»

Oft weist das Übersetzungsprogramm auf stilistische Alternativen hin, wie hier auf die Konstruktion mit *gerundio*.

- Aunque los programas de traducción automática van mejorando, no olvides que sus algoritmos solo conocen el TEXTO, pero no el CONTEXTO en el que aparece una palabra. Esto queda bien claro en el caso del ejemplo de *Ecke* (p. 53). Un buen diccionario también te ofrece información sobre el uso de una palabra en varios contextos.
- Cuando recurras a la traducción automática, ten en cuenta si hay que tratar de «tú» o de «usted» a la persona a la que te diriges. Los programas automáticos no siempre ofrecen una solución clara porque el uso del «tú» o del «usted» es diferente en muchas partes del área del español.

La lengua en contexto

1 a **Relaciona las palabras alemanas con sus equivalentes en español.**

artistas y géneros

1. die Bildhauerei, die Skulptur	**a.** el/la pintor/a
2. die Malerei	**b.** el dibujo
3. die Zeichnung	**c.** la escultura
4. der/die Bildhauer/in	**d.** la pintura
5. der/die Zeichner/in	**e.** el/la dibujante
6. der/die Maler/in	**f.** el/la escultor/a

materiales y herramientas

1. die Farbe	**a.** la madera
2. der Pinsel	**b.** la paleta
3. der Bleistift	**c.** el color
4. die Leinwand	**d.** la piedra
5. die Palette	**e.** el papel
6. das Holz	**f.** el lienzo
7. der Stein	**g.** la tinta
8. das Papier	**h.** el pincel
9. die Tinte	**i.** el martillo y el cincel
10. der Hammer und der Meißel	**j.** el lápiz
11. das Eisen	**k.** el hierro

b **Ordena las palabras españolas de 1a en este mapa mental. Puedes completarlo con otras técnicas o materiales.**

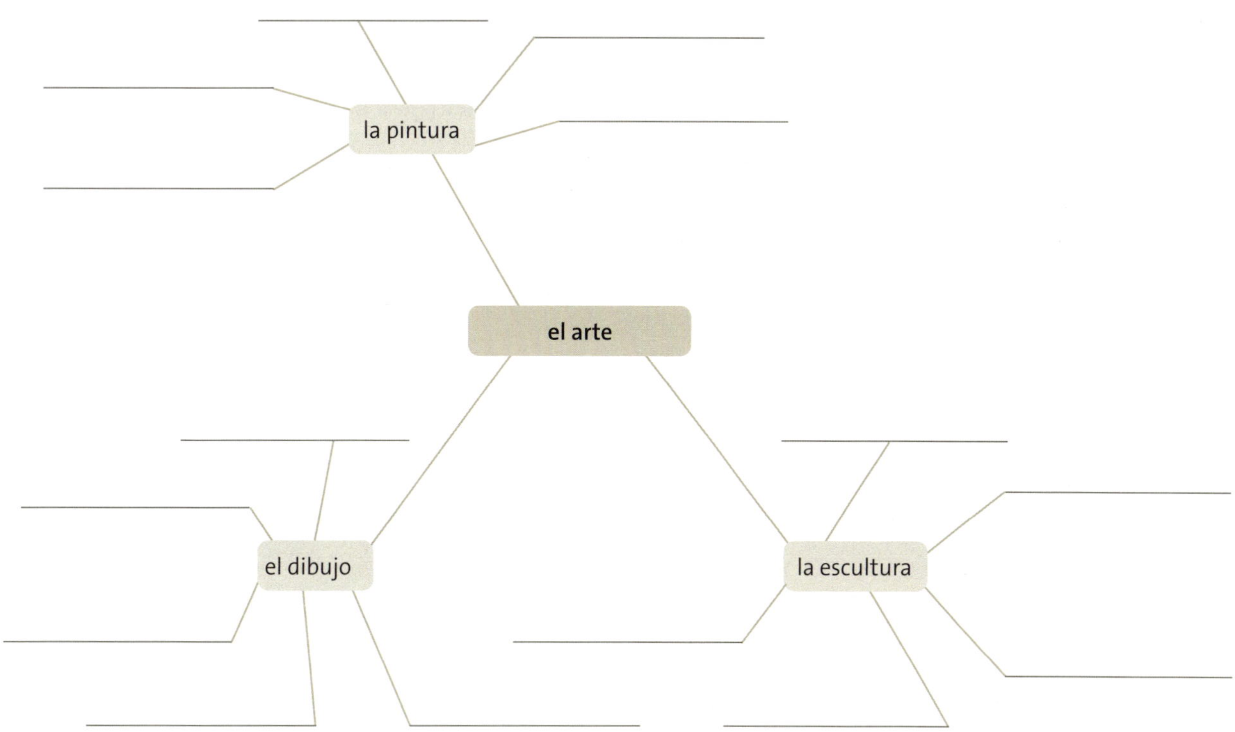

2 Elige a dos de estos artistas, busca información en Internet y escribe tres frases sobre cada uno/-a con las palabras del ejercicio 1. ▶ Buscar información, p. 179

Eduardo Chillida | Remedios Varo | Pablo Picasso | Maruja Mallo | Roser Capdevila | Ignasi Blanch

Expresión escrita

3 a Describe este cuadro de la pintora Remedios Varo (Anglès, España, 1908 – Ciudad de México, 1963). ▶ Imágenes, p. 175

la planta | el color | la copa[1] | el parque | el camino | la escultura | la mujer | la fuente

moderno | abstracto[2] | surrealista[3] | misterioso[4]

1 la copa der Kelch 2 abstracto/-a abstrakt 3 surrealista surrealistisch 4 misterioso/-a geheimnisvoll

b Inspírate en el cuadro e inventa un cuento. Escribe aprox. 200 palabras. ▶ Escribir textos creativos, p. 169

Bridgeman Images

La lengua en contexto

1 Escribe los nombres de los instrumentos debajo de las fotos.

la flauta	el bajo	el saxofón	el bandoneón	el tambor	las maracas
el violín	la batería	el clarinete	el violoncelo	la trompeta	el piano
la guitarra	el bongó	la flauta de Pan	la conga		

2 Apunta otros instrumentos que conoces. ► Utilizar un diccionario, p. 181

La lengua en contexto

1 a Encuentra 20 palabras relacionadas con el mundo del cine en la sopa de letras.

I	N	T	E	R	P	R	E	T	A[1]	R	P	C
G	D	O	C	U	M	E	N[2]	T	A	L	T	O
D[3]	I	R	I	G	I	R	Y	C	E	D	C	M
P	R	O	T	A[4]	G	O	N[7]	I	S	T	A	E
P	E	L	I	C	U	L	A	N	C	G	M	D
A	C	T	O[8]	R	I	O	C	E	E	H	A	I
T	T	E	R	R	O	R	T	T	N	Q	R[9]	A
A	O[6]	J	U	I	N	F	R	O	A	U	A	Z
P	R	O	D	U	C	C	I	O	N	Z	M	T
P	A	P	E	L	P	H	Z	O	E	S[5]	T	E
E	X	T	R	A	N	I	M	A[10]	C	I	O	N

Shutterstock.com/nampix

b Apunta las letras numeradas de la sopa de letras para saber cómo se llama la música de una película:

La B____________________

c Completa las definiciones con las palabras de la sopa de letras. ¡Ojo! tienes que conjugar los verbos y decidir si los sustantivos están en singular o plural.

1. La persona que __________ un personaje en una película se llama __________ si es hombre o __________ si es mujer.
2. La persona con el __________ más importante de una película es el o la __________.
3. A las personas que no tienen ningún __________ en la película se les llama __________.
4. La __________ de una película es muy cara porque trabajan muchísimas personas.
5. La mujer que __________ una película es la __________ como, por ejemplo, Icíar Bollaín.
6. El libro en el cual aparece todo lo que pasa en la película, que contiene todas las __________, se llama el __________.
7. A las personas que filman se les llama director/a de fotografía u operador/a de __________.
8. Hay muchos géneros de películas de ficción: dramas y __________, películas de acción, de __________, del __________, de ciencia ficción y muchos más.
9. También hay películas de dibujos animados o, como se dice hoy en día, de __________, como *Tadeo Jones*.
10. Finalmente también hay películas que no son de ficción. Se llaman __________.

Expresión escrita

2 **Tu instituto comparte una página web con un instituto en Arequipa, Perú. En la sección de cultura queréis presentar las películas que más os gustan. Presenta tu película favorita (aprox. 150 palabras). Piensa en los datos más importantes, el resumen de la acción y tu opinión.** ▸ Organizar el proceso de escritura, p. 166

Mi película preferida es ______________________________

____

____

____

____

____

____

____

____

____

____

____

Comprensión auditiva

3 a **Escucha el diálogo y completa el texto con las palabras correctas.** ▸ Comprensión selectiva, p. 161

______________ jóvenes quieren ir al cine. En la ______________ hay muchas películas, entre otras: «Bienvenido Míster Marshall», una película en ______________, y otros dos ______________ del cine español: «Ocho apellidos vascos», y la ______________ de Almodóvar, «Todo sobre mi madre».

b **Nombra tres de las características de las películas de acción que menciona Marisol.**

____

c **Vuelve a escuchar y marca las soluciones correctas con una cruz.**

1. Marca los cuatro géneros que mencionan los chicos:
   - ☐ el cine histórico
   - ☐ el cine de aventuras
   - ☐ las películas policíacas
   - ☐ el cine de ciencia ficción
   - ☐ las comedias musicales
   - ☐ las comedias románticas
   - ☐ las películas de animación

2. La película que van a ver los chicos es:
   - a. ☐ «Espacio abierto».
   - b. ☐ «Antes todo era más fácil».
   - c. ☐ «Los últimos piratas del Caribe».

3. Van a ir al cine…
   - a. ☐ Victoria a las siete y media.
   - b. ☐ Vergara a las nueve menos cuarto.
   - c. ☐ Coliseo, sala 2, a las ocho y cuarto.

Análisis y comentario

1 **Explica las siguientes frases de la canción (p. 205 del Libro) con tus propias palabras.**

1. «Solo comes platos posteables. ______
   Ahora mi cena me hace sentir miserable.» (ll. 5–6) ______
2. «Me gustaría ser lo que aparento, ______
   dejar atrás la esclavitud de lo perfecto» (ll. 12–13) ______
3. «Ni tú eres esa rubia ni yo aquel moreno. ______
   Posturea, para que el mundo lo vea.» (ll. 15–16) ______

2 **En un blog de jóvenes se habla de ventajas y peligros de las redes sociales. Un bloguero ha comentado las tres citas de la canción de arriba: «La opinión del cantante sobre las redes sociales es muy negativa – ¡también hay ventajas!» Redacta una entrada para el blog (aprox. 150 palabras) y expresa tu opinión. Mira las páginas 18 y 23 de este Cuaderno.**

▸ **Escribir un comentario personal, p. 170**

Practicar

3 **Completa las opiniones de los jóvenes sobre lo que comparten en las redes. Utiliza estas estructuras.** ▸ **Gramática 20**

más/menos/peor/mejor de (lo que) más/menos/mejor(es)/peor(es) (que) más/menos
más/menos (de) + *cifra* tan(to)... como tanto/-a(s) comparado con

¡Fíjate en esta nueva estructura!: Con esta bici, Leonardo parece más deportista de lo que es.

Laura: Me gusta seguir a mis amigos en las redes sociales porque me interesa lo que hacen. Sin embargo, muchas veces me pongo triste porque, ______ mi vida, la vida de los otros es ______ interesante. Me parece que todos van a ______ fiestas ______ yo, que comen en ______ restaurantes y que hacen ______ viajes ______ yo.

Cristina: Siempre que entro en mis cuentas en las redes sociales y veo las fotos de los otros, me parece que reciben ______ «me gusta» ______ yo. Imagínate, ¡una amiga mía tiene ______ 1000 seguidores! Yo no soy ______ popular ______ ella. También me gustaría tener ______ amigos en la red, aunque sé que los amigos reales son ______ importantes.

Fran: Por un lado, me gusta ver que mis amigos hacen mucho deporte. Me anima a hacer ______ deporte yo también. Por otro lado, me siento mal porque pienso que debería hacer ______ deporte ______ ellos.

Mario: Yo no me fío de las redes sociales. Estoy convencido de que todos aparentan ser ______ interesantes ______ son en realidad. En las fotos de las redes la gente es ______ natural. Estoy seguro de que sus vacaciones son ______ felices ______ parecen en las fotos.

Comprensión auditiva

4 Tus amigos te mandan mensajes de voz y también mensajes escritos. Relaciona los mensajes de voz (1–5) con los mensajes correctos (A–G). Dos mensajes escritos sobran.

☐ **A** ¿Por qué no reaccionas a mis *posts*?

☐ **B** No te atreves a llamarme, ¿verdad? Con lo que me has hecho...

☐ **C** Me acaba de llamar Carlos, a él tampoco lo ha invitado, pero ¿qué le pasa a esa chica?

☐ **D** Acabo de hablar con Paula, ya está todo arreglado, no te preocupes.

☐ **E** Ya está, ya me los ha pasado Juan. Nos vemos.

☐ **F** ¿Sabes cuándo empieza la fiesta del sábado?

☐ **G** Me ha dicho que ha sido un error, que no quería borrarme, bueno, luego hablamos.

¿En qué mundo quieres vivir? | Palabras en contexto

La lengua en contexto

1 a Marca con una cruz si las frases corresponden a una situación coloquial o formal.

	situación coloquial	situación formal
1. Oye, ¡ven aquí!	☐	☐
2. ¡Siéntate, por favor!	☐	☐
3. Me gustaría que vinieras.	☐	☐
4. ¿Podrías hacerme un favor?	☐	☐
5. ¡Cuéntame!	☐	☐
6. Me lo podrías contar, ¿por favor?	☐	☐

b Indica qué modo verbal utilizas en una situación coloquial o en una situación formal. ▸ Gramática 7 y 9

Situación coloquial: ____________________

Situación formal: ____________________

c Expresa las frases en una situación formal, usando estas expresiones. ▸ Gramática 7 y 12

Podrías (+ *infinitivo*) | Me gustaría (+ que + *imperfecto de subjuntivo*) | Me interesaría (+ *infinitivo*)

1. Manda el e-mail a Jorge. → ____________________, ¿por favor?
2. Cuéntame lo que ha pasado ayer. → ____________________.
3. Me interesa conocer tu opinión. → ____________________.
4. Quiero que me ayudes. → ____________________.

Expresión oral

1 **En un proyecto de eTwinning[1] con un colegio español discutís sobre cómo presentar una charla. En el blog aparecen las propuestas: «¿Cómo lograr tus objetivos?». Prepara tu charla apuntando expresiones para...** ▶ Presentar un tema, p. 162

presentar el tema de la charla ______

dirigirse al público ______

estructurar la charla ______

1 **eTwinning** Programm der Europäischen Kommission zur Vernetzung von Schulen

2 **Prepara un esquema o un mapa mental para tu charla con ayuda del ejercicio 1. Luego ensaya tu charla y grábala.**

3 a **Haz escuchar tu charla a un/a compañero/-a para que pueda evaluarte[1] con esta tabla y darte consejos.**

1 **evaluar** bewerten

	no	más o menos	sí
1. Has presentado el tema.	☐	☐	☐
2. Te has dirigido al público.	☐	☐	☐
3. Has estructurado tu charla.	☐	☐	☐
4. Has explicado claramente todo.	☐	☐	☐

b **Vuelve a grabar tu charla teniendo en cuenta la evaluación y los consejos de tu compañero/-a.**

La lengua en contexto

4 **Expresa estas frases sobre lo que Pablo hará después del bachillerato en futuro simple.** ▶ Gramática 5

Ejemplo: Después del bachillerato voy a viajar. → Después del bachillerato viajaré.

1. Voy a estudiar en una ciudad grande. ______

2. Mis amigos y yo vamos a vivir en un piso compartido. ______

3. Estoy seguro: Todos mis amigos van a encontrar un buen trabajo y van a ganar bien.

______

4. El profesor siempre nos decía: ¡Vais a cambiar el mundo! ______

5 **Escribe estas frases con la forma correcta del futuro simple.** ▶ Gramática 5

Ejemplo: Mañana no (*tener*/él) mucho tiempo. → Mañana no tendrá mucho tiempo.

1. Seguro que (*hacer*/vosotros) algo interesante después del instituto.

Seguro ______

2. En la universidad los profesores nos (*decir*/ellos) qué hay que estudiar.

______

3. Mi abuelo dice: ¡(*Poder*/tú) hacer todo lo que quieras! ______

4. David y Ana sueñan con ser médicos. (*Querer*/ellos) estudiar Medicina. ______

6 a Formula los consejos usando el **gerundio**. ► Gramática 16

1 Si hablas sobre tus problemas, los puedes resolver más fácilmente.

2 Ganas más simpatía si respetas lo que piensan los otros.

3 *Encuentras la mejor solución si tienes en cuenta todas las opciones.*

4 *Lucha por tus sueños y los vas a poder realizar.*

1. *Hablando sobre tus problemas,* ____________________
2. ____________________
3. ____________________
4. ____________________

b Escribe tres consejos más para tus compañeros usando el **gerundio**.

Mediación

In einem spanischsprachigen Blog tauschen Jugendliche sich darüber aus, was sie nach der Schule machen werden. Stellen Sie vor, welche Möglichkeiten es dazu in Deutschland gibt. Das folgende Informationsblatt ist Ihre Vorlage.

7 a Markieren Sie die wichtigsten Informationen zu den einzelnen Alternativen.

b Überlegen Sie, welche speziellen Begriffe Sie in Ihrem Blogeintrag erklären müssen.

Was tun nach der Schule?

– eine Berufsausbildung machen

Wenn du dich für eine duale Berufsausbildung entscheidest, erlernst du die theoretischen Grundlagen eines Berufs und auch die nötigen praktischen Kenntnisse und Fertigkeiten.

In die Schule gehst du ein oder zwei Tage in der Woche und hast neben den speziellen Fächern für deinen Beruf auch noch Deutsch, Politik, Mathematik und Englisch.

Die anderen Tage bist du im Betrieb und lernst in der Praxis. Während deiner Ausbildung bist du angestellt und wirst bezahlt. Die duale Ausbildung dauert je nach Beruf zwischen zweieinhalb und dreieinhalb Jahren. Zurzeit gibt es über 300 staatlich anerkannte Ausbildungsberufe im Handwerk, in der Verwaltung oder auch im Technologiebereich – du hast die Wahl! In Bayern kannst du im Rahmen einer dreijährigen dualen Berufsausbildung auch das Fachabitur machen (s.u.).

Eine Alternative ist eine Ausbildung an einer Berufsfachschule. Die gibt es vor allem für Berufe im Gesundheits- und Sozialwesen. Du gehst mindestens ein Jahr lang zur Berufsfachschule und ergänzt deine Ausbildung mit Praktika.

– Abitur machen und studieren

Du entscheidest dich, noch drei Jahre aufs Gymnasium zu gehen, um dann Abi zu machen, also die „Allgemeine Hochschulreife" zu erlangen. Damit kannst du dann auf eine Universität gehen und studieren. Du kannst aber auch eine Fachoberschule wählen und das Fachabitur machen.

Für das Studium kannst du wiederum wählen, nämlich:

- ein „traditionelles", eher theoretisch ausgerichtetes Studium an einer Universität (Abschluss Bachelor),
- Studiengänge an einer Hochschule für angewandte Wissenschaften (früher Fachhochschulen) – dorthin kommst du schon mit dem Fachabitur,
- ein duales Studium an einer Hochschule mit fest eingeplanten Praktika in Unternehmen.

– sich besser kennenlernen

Du brauchst Bedenkzeit, um deine Talente zu entdecken? Kein Problem, dann mach doch erst einmal ein Freiwilliges Soziales Jahr (FSJ) oder ein Freiwilliges Ökologisches Jahr (FÖJ)! Damit tust du etwas sinnvolles und sammelst Erfahrungen für dein ganzes Leben. Einzige Voraussetzung: Du musst 16 Jahre alt sein.

c Schreiben Sie einen Blogeintrag von ca. 100 Wörtern, in dem Sie die Alternativen kurz auf Spanisch darstellen.

La lengua en contexto

1 Tu amigo Carlos debe establecer reglas para escribir mensajes en Internet en el instituto y te pide ayuda. Basándote en estos consejos en alemán, formula seis reglas en el **imperativo afirmativo o negativo** de la 2ª persona del singular.

Selbstverpflichtung der Lernenden am Schiller-Gymnasium

Wir verschicken keine Nachricht, ohne sie vorher noch einmal genau zu lesen.

Wir streiten uns niemals öffentlich im Netz.

Wir sprechen nicht schlecht von anderen Personen.

Wir geben anderen immer ausreichend Zeit, um zu antworten.

Wir leiten keine Nachrichten weiter, ohne vorher um Erlaubnis zu bitten.

Wir veröffentlichen keine Fotos ohne die Erlaubnis der dargestellten Person.

Hola Carlos:
Mira, te propongo estas reglas:

No envíes mensajes...

Comprensión auditiva

2 Vas a escuchar un diálogo entre dos jóvenes sobre el uso del móvil. Marca con una cruz la respuesta correcta.

1. ¿Qué significa el móvil para Jaime?
- **a.** ☐ No lo usa muy a menudo.
- **b.** ☐ Es una ayuda para su vida.
- **c.** ☐ Tiene mucha importancia para él.

2. ¿Para qué usa el móvil normalmente?
- **a.** ☐ Principalmente para enviar y leer mensajes.
- **b.** ☐ Lee muchas cosas en Internet con el móvil.
- **c.** ☐ Lo usa para hablar por teléfono con amigos.

3. ¿Qué otras aplicaciones usa?
- **a.** ☐ La radio del móvil.
- **b.** ☐ La aplicación del banco.
- **c.** ☐ La aplicación de mapas.

4. ¿Qué aplicaciones ha instalado?
- **a.** ☐ Una aplicación para editar fotos.
- **b.** ☐ Una aplicación para comprar ropa.
- **c.** ☐ Una aplicación para recetas de comida.

5. ¿Qué dice sobre el uso del móvil en el colegio?
- **a.** ☐ En Ciencias Naturales prohíben el móvil.
- **b.** ☐ Varios profesores no permiten usar el móvil.
- **c.** ☐ Está prohibido traducir con el móvil en Inglés.

6. ¿Qué opinan sus padres sobre el uso del móvil?
- **a.** ☐ No piensan que haya muchas ventajas.
- **b.** ☐ De vez en cuando piensan en prohibirlo.
- **c.** ☐ Usar el móvil demasiado no les parece bien.

Análisis y expresión escrita

3 En el proyecto de eTwinning con tu colegio de intercambio en España discutís el papel de los móviles en la vida de los jóvenes. Has encontrado esta foto que te llama la atención y la presentas en el blog del proyecto.

Escribe una entrada para el blog (entre 150 y 200 palabras) y describe lo que se ve en la foto. Explica lo que critica el fotógrafo y expresa tu opinión acerca de la foto. ▸ Escribir un comentario personal, p. 170

Las páginas 23–24 de este Cuaderno te pueden ayudar con esta tarea.

stock.adobe.com/Jacob Lund

La lengua en contexto

1 a **Una amiga piensa hacer un voluntariado y tiene algunas dudas. Dale consejos con el condicional simple.**
▸ Gramática 7

elegir un lugar interesante *buscar* información en Internet *hablar* con personas con experiencia
preguntar a la organización por las tareas *crear* un blog sobre tu voluntariado [...]

1. –¡No sé adónde ir! –Yo en tu lugar, elegiría un lugar interesante.
2. –¿Y si no cumplo con las condiciones? –Yo que tú, ______
3. –¿Cuáles son las tareas más importantes? –Si fuera tú, ______
4. –Como el voluntariado será en el extranjero, no sé si tengo que solicitar un visado. –Yo que tú, ______
5. –¿Cómo voy a poder compartir mis experiencias con mis amigos? –Yo en tu lugar, ______

b **Piensa en otros consejos que darías a tu amiga y apúntalos usando el condicional simple.** ▸ Gramática 7

Si fuera tú, ______

Yo en tu lugar, ______

Yo que tú, ______

Competencia intercultural

2 **Una profesora de instituto en Madrid está preparando un viaje a Alemania con su curso de bachillerato. Apunta en un mapa mental los aspectos de la vida cotidiana que deberán tener en cuenta los alumnos españoles durante el viaje.**

la comida los horarios la familia el tiempo la vivienda [...]

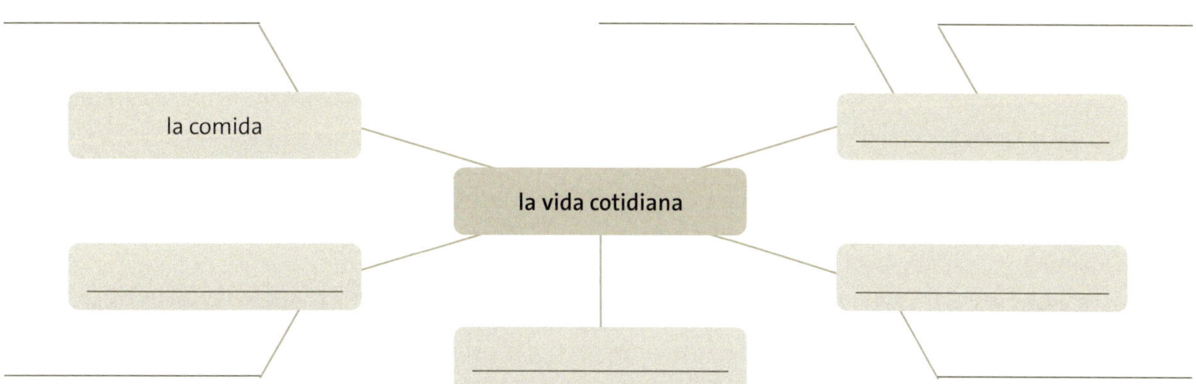

3 **Acabas de hablarle a Mari Carmen, una alumna de intercambio de Madrid, de la serie de libros «Gebrauchsanweisung für...», en la que también se mencionan malentendidos[1] interculturales. Mari Carmen quiere aclarar algunos malentendidos a su hermano que pronto se irá a Alemania para estudiar, y te pide ayuda.**
Escribe un e-mail (aprox. 150 palabras) a Mari Carmen en el que le hables de al menos tres aspectos culturales importantes a tener en cuenta en Alemania. ▸ Atender a las diferencias culturales, p. 173

1 **el malentendido** das Missverständnis

Comprensión y comentario

Mi experiencia de voluntariado en Costa Rica con Worldpackers

No era un viaje común y corriente. Era la primera vez que me lanzaba a un largo viaje sola y además haría un voluntariado por primera vez. La experiencia resultante iba a definir bastante la forma como viajaría de allí en adelante.

Oct 26, 2018

A pesar de que no había encontrado críticas de la plataforma Worldpackers ni del hotel que había elegido, a uno se le cruza alguna que otra novela de lo que pudiera salir mal.

El destino era Costa Rica, Playas del Coco para ser más precisa. Llegué de noche así que la primera impresión me la guardé para el día siguiente. Al llegar al hotel me recibió la recepcionista que, junto con su marido se hicieron muy cercanos a mí.

Desde el primer momento me integraron y me dieron una mano en todo lo que estaba a su alcance, siempre con mucho humor. Esa misma noche fui a conocer el otro pequeño hotel de la misma cadena sobre la costa. Yo iba a estar únicamente en un hotel con una piscina hermosa y un gran parque, a solo dos cuadras de la playa.

Al otro día tenía mi capacitación en el área que había aplicado: recepción. Algo en lo que jamás había trabajado. Me explicaron todo el procedimiento con muchísimo profesionalismo. Todo lo referido a generar y modificar reservas con el programa correspondiente, además de otras tareas como hacer el check in y check out de los huéspedes, realizar el inventario, entre otras cosas.

Era mucha información, especialmente para alguien que haría un voluntariado por primera vez en el área de recepción. La mayoría del público era de habla inglesa. Eso me asustaba un poco sumando el hecho que al día siguiente ya empezaba yo sola.

Fue una larga jornada que se me hizo muy llevadera. Lógicamente realicé muchas llamadas a los encargados para sacarme dudas que se iban generando. Pasados los días me daba cuenta de que era capaz (y que todos lo somos). Contamos con un potencial ilimitado y a veces solo necesitamos un entorno que lo active.

No pude elegir mejor lugar para hacer un voluntariado por primera vez. La experiencia fue excelente, además de llevarme un montón de conocimientos. La carga horaria era de dos días a tiempo completo y el resto de la semana quedaba libre para recorrer la zona, disfrutar de la piscina, de la playa e incluso pude a ir varios días a Nicaragua.

El desayuno era típico de Costa Rica, riquísimo y súper completo. La ciudad era tranquila, pero con muchas opciones para divertirse.

Nunca me sentí ajena al lugar. Fue tal mi comodidad que extendí mí estancia. Toda la gente que conocí (con un humor contagioso y pendientes de lo que necesitaba) se merecen un párrafo aparte, tanto en este artículo como en mi vida.

Siento que Worldpackers me proporcionó el entorno seguro que necesitaba para empezar a viajar. Al día de hoy, después de varios meses de viaje, esta plataforma se volvió una herramienta que utilizo muy frecuentemente, además de proporcionarme muchos anfitriones de confianza, me genera cada vez más seguridad al momento de desempeñarme en áreas en las que jamás me hubiera imaginado desenvolverme.

Si estás pensando realizar un voluntariado por primera vez o a punto de iniciar un viaje largo, no dudes en conocer más sobre cómo funciona la plataforma de Worldpackers además de mirar las miles de opciones que ofrece alrededor del mundo. Es una experiencia que te cambiará por completo.

Fuente: Lu Goñi, Worldpackers (2018)*

11 **estar al alcance de alguien** in der Macht von jdm liegen 14 **la cuadra** der Häuserblock 15 **la capacitación** die Schulung 18 **el huésped** der Gast 22 **llevadero** fácil 31 **ajeno/-a** extranjero/-a 32 **contagioso/-a** ansteckend 34 **proporcionar** dar 36 **el anfitrión de confianza** der verlässliche Gastgeber 37 **desempeñarse** sich beweisen 37 **desenvolverse** sich entwickeln

4 En su blog, Lu describe sus experiencias durante su voluntariado en Costa Rica. Resume las tareas de la joven en el hotel. Escribe aprox. 50 palabras. ► Escribir un resumen, p. 170

5 Te ha gustado la frase: «Es una experiencia que te cambiará por completo». Por eso quieres entrar en contacto con Lu. Escribe un comentario (aprox. 200 palabras) en su blog y explícale cuáles son los aspectos positivos y negativas de un voluntariado desde tu punto de vista. ► Escribir un comentario personal, p. 170

La lengua en contexto

1 Apunta expresiones y conectores para... ► La discusión, p. 165; Organizar el proceso de escritura, p. 167

1. introducir un tema: *hablaré de* __________
2. expresar acuerdo: __________
3. expresar desacuerdo: *no estoy de acuerdo porque* __________
4. dudar de algo: *no estoy convencido/-a de que + subj.,* __________
5. confirmar algo: __________
6. resumir: __________
7. conectar ideas parecidas: __________
8. conectar ideas que no expresan lo mismo: __________

Expresión escrita

2 Una editorial[1] española quiere publicar una antología con el título «Convivir y discutir – la vida en familia». La editorial pide propuestas sobre relatos o fragmentos de novelas para la antología. Como habéis tratado en clase el primer capítulo de la novela «Mentira», quieres dar tu opinión acerca de este fragmento. Redacta un e-mail (aprox. 200 palabras) a la editorial dando tu opinión. Utiliza las expresiones que has apuntado en la tarea 1.

► Escribir una carta formal, p. 168

1 **la editorial** der Verlag

1 **Vocabulario: Completa el texto con las palabras adecuadas. Conjuga los verbos.**

formación *preocuparse* expertos jóvenes *soler* *comprometerse* *haber*

En España, comparado con Alemania, los jóvenes __________________ irse del hogar familiar más tarde. Pero, como en toda Europa, los __________________ españoles son verdaderos __________________ en el uso de Internet y los medios sociales. En la red también se informan, por ejemplo, para encontrar una __________________ que les guste. Como en Alemania, los jóvenes en España __________________ por el cambio climático. Para un país es importante que __________________ personas que __________________ con el medio ambiente y con la sociedad.

2 **El condicional simple: Un joven se imagina ser famoso. Completa con las formas correctas.** ▸ Gramática 7

Si fuera una persona famosa, __________________ (*tener*) muchos amigos. Algunos de ellos __________________ (*hacer*) las compras por mí porque no me __________________ (*gustar*) ser reconocido en público. Es que me __________________ (*encantar*) ser famoso, sin embargo, __________________ (*odiar*) tener que ser amable con todo el mundo. Mis amigos __________________ (*ser*) sinceros conmigo y no __________________ (*contar*) mis secretos en los medios. __________________ (*utilizar*) mi fama para objetivos sociales y __________________ (*apoyar*) proyectos solidarios.

3 **El futuro simple: Completa el texto con las formas adecuadas de los verbos en futuro simple.** ▸ Gramática 5

ir *ganar* *tener* *ser* *hacer* *cambiar* *estudiar*

Mi abuelo nos dice a menudo a mi hermano y a mí: «Vosotros __________________ el mundo». Sin embargo, mi padre no lo tiene tan claro y siempre me pregunta: «¿__________________ un trabajo seguro algún día?» Muchos de mis amigos, después del bachillerato, __________________ al extranjero y __________________ un viaje. Mi novia __________________ en la universidad y piensa que luego, como ingeniera, __________________ mucho dinero. Pero yo no sé, ¿cuál __________________ mi destino?

4 **Imperativo afirmativo y negativo: Un amigo tuyo cambia de colegio y pide consejos. Reformula estas recomendaciones usando el imperativo afirmativo y negativo.** ▸ Gramática 9

1. Es una mala idea usar el móvil durante la clase. ______________________________
2. Hay que escuchar atentamente a los profesores. ______________________________
3. Si tienes alguna pregunta, lo más fácil es no dudar en preguntar a tus compañeros.
   ____
4. Es recomendable buscar nuevos amigos y no hacerse enemigos.
   ____

Expresión oral y escrita

1 a Elige una imagen de las páginas 42–43 de tu libro, descríbela a tu compañero/-a y explícale por qué te llama la atención. ▶ Imágenes, p. 175

b Elige una de estas dos fotos, descríbela y explica por qué te parece interesante. ▶ Imágenes, p. 175

La frontera entre México y EE. UU.

mauritius images / Charles O. Cecil / Alamy

Cartel en una lavandería

mauritius images / StockAB / Alamy

Comprensión auditiva y competencia intercultural

2 a ¿Qué ya sabes del espanglish? Explícalo en dos frases.

b Escucha cómo sigue la entrevista con Verónica, la mujer hispana nacida en EE. UU. (Libro, p. 44). Apunta cuatro de los aspectos de la vida cotidiana en los que ella nota diferencias culturales.

Thanksgiving –el Día de Acción de Gracias– se celebra en EE. UU. el cuarto domingo de noviembre. Se suele comer pavo[1] en familia.

1 **el pavo** der Truthahn

WavebreakmediaMicro / PantherMedia 2022

c **Elige la respuesta correcta para indicar qué dice Veronica sobre la fiesta del *Thanksgiving*.**

1. Verónica dice que...

a. ☐ todo el mundo en EE. UU. dice «Sanksgiving».

b. ☐ *Thanksgiving* es una tradición muy típica en Cuba.

c. ☐ sus padres decían «San Givin» para *Thanksgiving*.

2. Ese día, en casa de Verónica comían...

a. ☐ frijoles[1] blancos.

b. ☐ maíz, pavo y arroz.

c. ☐ pavo con arroz blanco y frijoles negros.

1 **frijoles** Bohnen

d **Completa las frases sobre cómo se siente Verónica hablando y viviendo tres idiomas diferentes.**

Verónica se siente como una ____________ con tres personalidades. Esto le ha abierto el ____________ porque puede ____________ con mucha gente. Por eso recomienda aprender ____________ .

Mediación

3 **Lesen Sie diese drei Zitate aus dem Interview mit Hatice Akyün (Lehrbuch, S. 45). Wie können Sie Ihrem Freund Víctor vermitteln, wie sich die Journalistin fühlt? Denken Sie daran, dass Víctor in Mexiko lebt und Deutschland nicht kennt.**

a **Erklären Sie zunächst für sich selbst die Bedeutung der Sätze auf Deutsch.**

Adobe Stock / Michael Eichhammer

1. „Ich fühle mich generell als ‚Und-Identität': Ich bin Türkin und Deutsche." (ll. 9–11)

____

2. „Deutsch ist meine Kopfsprache. Türkisch meine Herzsprache." (ll. 20–21)

____

____

3. „Es war ganz sicher der Bücherbus, der mir dabei geholfen hat [Deutsch zu lernen]." (ll. 35–36)

____

____

b **Erklären Sie Víctor nun auf Spanisch, was Frau Akyün empfindet.**

1. „Ich fühle mich generell als ‚Und-Identität': Ich bin Türkin und Deutsche." (ll. 9–11)

____

____

2. „Deutsch ist meine Kopfsprache. Türkisch meine Herzsprache." (ll. 20–21)

____

____

3. „Es war ganz sicher der Bücherbus, der mir dabei geholfen hat [Deutsch zu lernen]." (ll. 35–36)

____

____

Comprensión lectora

1 **Lee el texto en el libro (pp. 48–49), elige la repuesta correcta e indica en qué líneas se encuentra la información.**

1. En la mayoría de las maquilas...

a. ☐ se producen paquetes.
b. ☐ se cose ropa y se ensambla.
c. ☐ se produce solo para el mercado estadounidense.

líneas: ____________________

2. En las maquilas trabajan sobre todo mujeres jóvenes...

a. ☐ que quieren volver al mundo laboral.
b. ☐ que no se han graduado y ya tienen hijos.
c. ☐ que no saben qué hacer después de graduarse.

líneas: ____________________

3. Para Estela, el trabajo en la maquila...

a. ☐ es duro, pero no se queja porque gana bien.
b. ☐ le permite trabajar y estudiar para el bachillerato.
c. ☐ es duro porque tiene que trabajar muchas horas.

líneas: ____________________

4. El sindicato en la maquila de Estela...

a. ☐ quiere que los trabajadores se quejen.
b. ☐ quiere mejorar las condiciones laborales.
c. ☐ logró que se pague a trabajadores enfermos.

líneas: ____________________

5. Maribel quería ir a EE. UU., pero no lo hizo porque...

a. ☐ no quería dejar solos a sus dos hijos.
b. ☐ en México le pagan más que en EE. UU.
c. ☐ le dieron una visa para trabajar en México.

líneas: ____________________

6. Maribel está contenta con su situación porque...

a. ☐ ella ve perspectivas para el futuro.
b. ☐ prepara su salida de México hacia EE. UU.
c. ☐ en su trabajo hace muchas cosas diferentes.

líneas: ____________________

Comprensión auditiva

2 a **Escucha lo que cuenta Estela sobre su trabajo en la maquila. Completa las frases con pocas palabras.**

1. Salir de su país, para ella... *no es una opción*.

2. En el lugar donde vive tiene a... ____________________. (menciona un aspecto)

3. Dice que su trabajo en la maquila es... ____________________.

4. Con el dinero que gana, paga... ____________________. (menciona un aspecto)

5. Ella y sus compañeros luchan para... ____________________.

6. Lo que exigen con el sindicato es... ____________________. (menciona un aspecto)

b **Vas a escuchar lo que cuenta Maribel, una mujer de Honduras, que trabaja en una maquila en Ciudad Juárez, México. Completa las frases.**

1. Maribel piensa que la maquila donde trabaja es... ____________________.

2. Para ella, su trabajo es... ____________________.

3. Otras empleadas han tenido la posibilidad de... ____________________.

4. Volver a su país de origen, para ella... ____________________.

5. En la ciudad donde vive, sus niños pueden... ____________________.

6. El plan de su hija es... ____________________.

La lengua en contexto

3 **Define en tus palabras las siguientes expresiones del primer párrafo (Libro, p. 48, ll. 2–10). Estos verbos te ayudan a parafrasear.** ► Parafrasear palabras, p. 181

vender *dedicarse* *poner* *producir* *juntar* *hacer*

1. Una fábrica de costura (l. 2) es... una fábrica que ____________________
2. Una planta de ensamblaje (l. 3) es... ____________________
3. Empaquetar los productos (l. 6) es... ____________________
4. Una fábrica que solo exporta (l. 10) es... ____________________

4 a **Expresar sentimientos y opiniones: Completa los siguientes comentarios de los lectores del artículo «Las maquilas» (Libro, pp. 48–49) con las formas del presente de subjuntivo.** ► Grámatica 10

Cristóbal: Me llama la atención que tanta gente ____________ (*seguir*) trabajando en las maquilas. Con las malas condiciones es fundamental que la situación ____________ (*cambiar*). Sin embargo, es lógico que la gente que no tiene alternativas ____________ (*aceptar*) esta explotación.

Paula: Es normal que mujeres sin formación ____________ (*buscar*) trabajo allí. Es esencial que ____________ (*recibir*) una buena educación. Dudo que ____________ (*tener*) las mismas oportunidades que los hombres.

Fran: Hay que decirles: ¡Trabajadoras, es necesario que ____________ (*luchar*) por vuestros derechos para que ____________ (*recibir*) un sueldo digno! ¡Es imprescindible que os ____________ (*manifestarse*)!

Lara: Es una vergüenza que las multinacionales ____________ (*explotar*) a sus trabajadores. Hasta que no se ____________ (*prohibir*) estas condiciones de trabajo, seguirán así. Es importante que los sindicatos no ____________ (*dejar*) de luchar contra la explotación. ¡Ojalá que ____________ (*tener*) éxito!

Ricardo: Es importante que la gente ____________ (*dejar*) de comprar ropa en las grandes tiendas internacionales. Me sorprende que nosotros no ____________ (*darse*) cuenta de que somos parte del problema.

José Luis: Pero, si dejamos de comprar ropa producida en las maquilas, es posible que las mujeres ____________ (*perder*) su trabajo, ¿verdad? Por eso es relevante que nosotros, los consumidores, ____________ (*preguntar*) a las empresas por qué no suben los sueldos de las trabajadoras.

b **Subraya todas las expresiones de 4a que exigen el subjuntivo.**

c **Vuelve a los comentarios de 4a y elige los dos más interesantes. Responde con un comentario personal (aprox. 100 palabras) a los usuarios, expresando tu acuerdo o desacuerdo.** ► Escribir un comentario personal, p. 170

Comprensión lectora

1 **Lee el texto en el libro (pp. 52–53) y responde a las preguntas con tus propias palabras. Indica las líneas.**

1. ¿Qué es la organización *Yes We Can World Foundation* y cuál es su objetivo?

____

____

2. ¿Qué es la «hielera»?

____

3. ¿Qué fue lo primero que hicieron los fundadores de *Yes We Can World Foundation?*

____

4. ¿Por qué esta escuela es mucho más que un sitio de aprendizaje para los niños y qué significa para ellos?

____

____

5. ¿Qué han experimentado los niños en su país de origen y durante el camino, y qué efecto tiene en ellos?

____

____

6. ¿Cómo seguirá el proyecto *Yes We Can World Foundation?*

____

____

Comprensión auditiva

2 **Escucha lo que cuenta Victoria, periodista en Radio Ambulante, sobre su infancia en Ciudad Juárez, y completa las frases.**

Desde arriba, de ____________________, Ciudad Juárez, en México, y El Paso, en EE. UU., parecen una ____________________ ciudad. Victoria ____________________ en Ciudad Juárez, casi en la ____________________ con EE. UU. La casa de sus padres está en una zona ____________________, pero la casa de sus abuelos está en el ____________________. Para los mexicanos, ____________________ la frontera es algo ____________________. Así, también Victoria iba con sus padres a El Paso para visitar a la ____________________, para ir de ____________________ o a comer en un restaurante.

Vista de El Paso, EE. UU, y Ciudad Juárez, México

Shutterstock/Alizada Studios

La lengua en contexto

3 a Repasar el uso del presente y del imperfecto de subjuntivo: Relaciona los tiempos y modos verbales con las frases.
► Gramática 10 y 12

1. Me parece genial que los dos empiecen con el proyecto de las escuelas móviles.
2. Me pareció genial que los dos empezaran con el proyecto de las escuelas móviles.
3. Me parecía genial que los dos empezaran con el proyecto de las escuelas móviles.

a. pretérito imperfecto / imperfecto de subjuntivo
b. presente / presente de subjuntivo
c. pretérito indefinido / imperfecto de subjuntivo

b Repasar el uso del presente y del imperfecto de subjuntivo: Elena y Juliana, profesoras del proyecto de las escuelas móviles, cuentan cómo llegaron a participar en él. Fíjate en el tiempo verbal de las expresiones que introducen el subjuntivo y completa con la forma correcta del subjuntivo. ► Gramática 10 y 12

A los niños les encanta aprender

Adobe/Marcos

Elena: Yo ya sabía qué estaba pasando con los niños en la frontera norte y por eso no podía creer que en las noticias no hablaran ____________ (*hablar*) de este proyecto. Así que llamé a mi amiga Juliana, que vive en Tijuana.

Juliana: No me sorprendió que Elena no ____________ (*saber*) nada del proyecto de las escuelas móviles. Es normal que en el sur ____________ (*haber*) poca información sobre lo que hacemos aquí. La frontera norte está muy lejos. Invité a Elena a participar porque era importante que ____________ (*venir*) profesores con experiencia.

Elena: Vine a Tijuana porque para mí es natural que la gente ____________ (*ayudar*) a otras personas que necesitan comida, salud o educación. Cuando llegué y vi a estos niños, me dio mucha pena que ellos ____________ (*estar*) solos y que ____________ (*tener*) miedo. Me sorprende que algunas personas ____________ (*decir*) que los migrantes no necesitan ayuda.

Juliana: La gente viene de tan lejos porque no tiene otra opción. Es necesario que nosotros ____________ (*entender*) que quieren mejorar sus condiciones de vida. Nos pareció muy importante que los niños ____________ (*hacer*) algo, que ____________ (*aprender*) y que no ____________ (*pasar*) todo el día en la calle.

Elena: Así conocí el proyecto de las escuelas móviles. Me pareció genial que todos nosotros ____________ (*construir*) un lugar seguro para los chicos. Y me encanta que los niños se ____________ (*sentirse*) en casa.

Comprensión lectora

1 **Completa el resumen del texto con la información que falta. Tus apuntes del ejercicio 2b (Libro, p. 59) te pueden ayudar.**
▶ Escribir un resumen, p. 170

1. Estos grupos de música usan las lenguas indígenas y el español en sus canciones para ______________________________
2. Así consiguen conectar a los jóvenes entre sí y ______________________________
3. El proyecto «RescatArte» ayuda ______________________________
4. Aparte de compartir experiencias y prevenir riesgos, la idea de «RescatArte» también es ______________________________
5. El objetivo del proyecto musical y educativo «Balam Ajpu» también es escribir en español y en lenguas indígenas para que ______________________________
6. Parte de este proyecto es «Caza Ajaw» que es ______________________________
7. También en EE. UU., en California, Una Isu quiere ______________________________
8. El objetivo de todos estos proyectos musicales es ______________________________

Expresión oral

2 a **Elige uno de los proyectos del texto «Hip hop y rap en lenguas indígenas» (Libro, pp. 58–59) y busca en Internet información sobre el proyecto. Apunta los datos más interesantes.**

b **Busca canciones de uno de los grupos, elige una y escúchala. Apunta tus impresiones.**

c **Presenta los resultados de 2a y b en una charla de un minuto. Utiliza las expresiones a la derecha.** ▶ Presentar un tema, p. 164

Mi presentación tratará de...
El tema de mi presentación será... Hablaré de...
En primer/segundo lugar / Luego / Después
Además/También/Entonces...
No pienso que + *subj.*
Desde mi punto de vista... Pienso que + *indic.*
Para terminar...

La lengua en contexto

3 **Repasar el condicional simple:** **¿Qué haríais vosotros para apoyar a las nuevas generaciones en vuestra región?**
▶ Gramática 7

[yo] mi mejor amigo/-a mis amigos/-as y yo todos/-as nosotros/-as [...]	*leer* libros para niños y niñas en la biblioteca. *ofrecer* clases de idiomas. *formar* un equipo de fútbol para chicos y chicas. *tener* que salir a conversar con chicos y chicas de otros barrios. *ocuparse* de orientar a los chicos y chicas en la escuela. *subir* testimonios de otros chicos y chicas a un blog. *deber* rescatar canciones de los abuelos. *conservar* tradiciones de la región. *compartir* en Internet las actividades de mis amigos.

▶

4 a **Expresar causas y hacer suposiciones en presente:** **La situación en América Central para muchos no es fácil. Imagina cómo sería la situación en América Central, transformando las frases en condiciones irreales.** ▶ Gramática 19

1. Hay problemas de violencia en América Central. Por eso emigran tantas personas hacia el norte. – *Si no hubiera problemas de violencia en América Central, no emigrarían tantas personas hacia el norte.*
2. Conozco la situación en los países centroamericanos. Por eso entiendo la decisión de emigrar. – ____
3. México y EE. UU. tienen una economía fuerte. Por eso parecen países atractivos para los inmigrantes. – ____
4. En el mundo existen muchas fronteras. Por eso es difícil irse a otros países. – ____
5. Algunos jóvenes saben tocar instrumentos. Por eso pueden expresar sus emociones a través de la música. – ____
6. Tú, como inmigrante, conservas tu cultura. Por eso te sientes en casa aquí y allá. – ____

b **Expresar causas y hacer suposiciones en el pasado:** **¿Y si tú hubieras vivido en Centroamérica? Completa las siguientes frases y escribe lo que habría pasado en aquellas situaciones.** ▶ Gramática 19

1. En 1976 hubo un terremoto fuerte en Guatemala. Murieron más de 23.000 personas. – *Si no hubiera habido un terremoto fuerte en Guatemala, más de 23.000 personas no habrían muerto.*
2. En 1948 el presidente costarricense, Figueres Ferrer, abolió[1] el ejército. Por eso en 2018 Costa Rica celebró siete décadas sin ejército. – ____

1 **abolir** abschaffen

3. En 1992 se firmaron los Acuerdos de Paz de Chapultepec. Por eso terminó la Guerra Civil de El Salvador. – ____________

4. En 2009 la selección de Honduras ganó el último partido de la clasificación. Por eso participó en la Copa Mundial de Fútbol en Sudáfrica en 2010. – ____________

5. Rigoberta Menchú recibió el Premio Nobel de la Paz en 1992. Por eso el mundo se enteró de la situación de los indígenas en Guatemala. – ____________

6. Belice antes era una colonia de Gran Bretaña. Por eso el inglés fue declarado idioma oficial. – ____________

7. En 1848, durante una expedición por el norte de Guatemala, se descubrió Tikal, una de las ciudades más importantes de los Mayas. – *Si yo hubiera participado en la excursión* ____________

8. Hasta el año 2018 era posible subir al volcán Santiaguito de Guatemala. – *Si hubiera vivido en Centroamérica antes del año 2018,* ____________

Expresión escrita

5 a **Busca en Internet la canción «Mixteco es un lenguaje» de Una Isu, escúchala y explica por qué (no) te gusta.**

▶ Textos líricos, p. 175

b **Comenta el mensaje de estos versos de la canción «Mixteco es un lenguaje» y explica su relación con los proyectos presentados en el artículo (Libro, pp. 58–59). Tus apuntes del ejercicio 2b (p. 77) te pueden ayudar.**

«Preservando[1] la cultura, seguiremos creciendo [...]
Deja que te exprese mis versos de conocimiento
Rescata tu cultura, que no te digan lo contrario
Procura[2] avanzar, para preservar lo más sagrado.»

1 **preservar** conservar 2 **procurar** intentar

Según	el cantante, los versos, la canción,	es muy importante es fundamental es esencial	que [...]	porque [...]

El mensaje se relaciona con [...] porque los proyectos	quieren [...] buscan [...] intentan [...]	y/pero también [...]

Pienso/Creo Me parece	que	el mensaje los proyectos la idea [...]	es/son	original/es fundamental/es importante/s [...]	porque [...]
Estoy seguro/-a	de que				

Comprensión lectora

1 **Indica a qué líneas del relato «Pizza mexicana» de Cristina Pacheco (Libro, pp. 62–63) se refieren estas frases.**

1. Sandra se acuerda de la amiga con la que comparte piso en EE. UU. – ll. ______
2. Sandra imagina una posible discusión con su hermana. – ll. ______
3. Sandra recuerda su salida a Tijuana hace algunos años. – ll. ______
4. La hermana se queja de la actitud de Sandra hacia México. – ll. ______
5. Sandra expone los planes de todo lo que quiere visitar en Ciudad de México. – ll. ______
6. La hermana le cuenta lo que compró en el nuevo centro comercial donde antes había un parque. – ll. ______

Comprensión auditiva

2 a **Escucha otro fragmento de la entrevista con Elena Climent. Apunta lo que llegas a saber sobre sus padres y abuelos.**

1. Madre: ______, hija de ______.
2. Padre: ______.

b **Vuelve a escuchar y completa las frases.**

1. Mis papás nos decían: «Ustedes son libres pensadoras[1], son ______».
2. Pero también nos decían que éramos ______.
3. Todo es relativo, cada ______ tiene una manera de ver las cosas, pero en el fondo somos muy similares.
4. Fue un ______ muy importante, que las personas somos más parecidas que ______.

1 **las libres pensadoras** die Freidenkerinnen

c **Explica cómo este dibujo autobiográfico de Elena Climent ilustra lo que dice ella en la entrevista.**

el peón / la peona *mex.* Person vom Land
el gringo *mex.* US-Amerikaner
la cubeta *mex.* der Eimer
la güerita *mex.* das Blondchen
bautizado getauft

Cornelsen / Elena Climent

Expresión escrita

3 a Elena Climent pintó el taller[1] de su padre. Describe el cuadro (aprox. 100 palabras). ▶ Imágenes, p. 175

Cornelsen / Elena Climent

En el cuadro vemos / se ve / hay...
El cuadro / La pintura muestra...
arriba / abajo en el centro
a la derecha / a la izquierda
en primer plano / al fondo
delante de / detrás de /
al lado de / encima de

la pared la ventana
el suelo el techo[2]
la silla la mesa
el mueble[3] la lámpara
el cuadro el armario
la cortina[4] [...]

1 **el taller** *hier* das Atelier
2 **el techo** die (Zimmer)Decke
3 **el mueble** das Möbel(stück)
4 **la cortina** der Vorhang

b El cuadro forma parte de una novela gráfica, por eso no tiene título. Ahora, Elena Climent busca un título porque quiere exhibir algunas de sus obras y ha pedido a sus seguidores en Internet proponer títulos. Inventa un título para el cuadro y explica en un mensaje corto por qué lo has elegido.

1 **Vocabulario:** **Completa este texto sobre México con las palabras correspondientes. Conjuga los verbos.**

Tijuana y Ciudad Juárez son ciudades mexicanas que se encuentran en el norte del país, en la ____________________ con EE. UU. Aunque un muro ____________________ los dos países, es una gran ____________________: cada día un ____________________ de personas va de un lado al otro para ir a trabajar o comprar. Pero también hay miles de ____________________ que cada día intentan llegar a EE. UU. Son personas que huyen de la ____________________ y de la ____________________ en sus países de origen. Mucho entre ellos encuentran trabajo en las ____________________, fábricas grandes donde sobre todo trabajan mujeres jóvenes bajo muy malas ____________________. En estas fábricas ____________________ partes de máquinas o coches y las ____________________ a todo el mundo.

2 **Expresiones con subjuntivo:** **Juliana cuenta del trabajo de Elena y Marta en el proyecto de las escuelas móviles. Completa el texto con las formas correctas del presente o imperfecto de subjuntivo.** ▸ Gramática 10 y 12

Me encanta que Elena y Marta ____________________ (*estar*) aquí, aunque me sorprendió que Elena ____________________ (*aparecer*) con una amiga. Pero Marta es muy simpática y me pareció genial que ____________________ (*venir*) a ayudarnos. El viernes me alegré mucho de que Marta y Elena ____________________ (*levantarse*) tan temprano y me encantó que ____________________ (*preparar*) el desayuno con los chicos. A las dos mujeres les sorprendió que los niños ____________________ (*tener*) tantas ganas de aprender y que no ____________________ (*querer*) hacer pausa al mediodía. Estamos convencidas: es necesario que todo el mundo ____________________ (*saber*) lo que pasa aquí y que más gente ____________________ (*venir*) a ayudarnos. Es increíble que algunos ____________________ (*decir*) que estos niños no necesitan ayuda.

3 **Expresar suposiciones en presente:** **Completa con el condicional y el imperfecto de subjuntivo.** ▸ Gramática 19

Si no ____________________ (*haber*) tantos hispanohablantes en el sur de EE. UU., no ____________________ (*hablarse*) español allí. Pero si la gente no ____________________ (*hablar*) inglés y español, no ____________________ (*existir*) el espanglish porque es una mezcla de los dos idiomas.

4 **Expresar suposiciones en pasado:** **Zazil, una joven cantante guatemalteca, fue a un festival en Mérida, México. Completa las frases con las formas del condicional compuesto y el pluscuamperfecto de subjuntivo.** ▸ Gramática 19

Si Zazil no ____________________ (*aprender*) la lengua maya de sus padres, no ____________________ (*empezar*) a cantar en su lengua sobre la vida de los jóvenes en Guatemala. Y si no ____________________ (*cantar*) en maya, no la ____________________ (*invitar*/ellos) al festival de Mérida. Y claro, si no ____________________ (*viajar*) a Mérida, nunca ____________________ (*conocer*) a Yatziri, una chica joven de Yucatán. ¡Ahora las dos cantan juntas!

Comprensión audiovisual

1 **Antes de ver el vídeo:** Tus conocimientos de otras lenguas o palabras de la misma familia te ayudan a entender las siguientes palabras. Apunta por lo menos una palabra de la misma familia. Puedes consultar un diccionario monolingüe. ► Utilizar un diccionario, p. 181

contaminado/-a – *la contaminación, contaminar*

el caos – ___

encontrarse con – ___

el/la ciclista – ___

el/la conductor/a – ___

la diversidad – ___

limpio – ___

el/la desconocido/-a – ___

el costo – ___

el comercio – ___

privilegiado/-a – ___

el/la vendedor/a – ___

2 a Estas personas aparecen en el vídeo. Formula hipótesis: ¿Quiénes son, qué hacen y por qué les gusta la Gran Vía?

1

2

24 horas en la Gran Vía de Madrid: El País Semanal

b Mira el vídeo y comprueba tus hipótesis sobre las personas del ejercicio 2a.

1 Concepción: ___

2 Óscar: ___

Expresión escrita

1 El narrador de «Madrid *blues*» utiliza adjetivos para describir la ciudad. Encuentra las parejas de sustantivos y adjetivos. Hay muchas posibilidades. Busca más palabras con un diccionario bilingüe. ► Utilizar un diccionario, p. 181

la ciudad · las terrazas · los bares · las caras de la gente · los árboles · los edificios · el cielo · la oferta cultural · las calles · la comida · las fachadas · los parques · las plazas · [...]

variado · histórico · lleno de colores · rico · de ladrillo · azul · nublado · feo · moderno · antiguo · bonito · acogedor · lleno de gente · atractivo · emblemático · [...]

2 Elige una foto y descríbela (aprox. 100 palabras). Utiliza las combinaciones de 1. ► Imágenes, p. 175

mauritius images/alamy stock photo/Maria Galan

Shutterstock.com/Catarina Belova

Competencia digital

3 a **Buscar fotos e información en Internet:** En una presentación digital quieres hablar de la plaza Mayor de Madrid, de su historia y de los distintos usos a lo largo del tiempo. Busca información en Internet. Utiliza diferentes fuentes y buscadores. Ten en cuenta también los aspectos legales y guarda las referencias de todas las fuentes.
► Buscar información, p. 179

la construcción de la plaza · los edificios famosos · los nombres que llevaba la plaza · los usos de la plaza

b Habla con tu compañero/-a: ¿Cómo y con qué palabras has buscado las imágenes? ¿Qué buscador ha sido el mejor? ¿En cuál ha sido más fácil la búsqueda? ¿Qué problemas has tenido al buscar? ► Evaluar información, p. 179

La lengua en contexto

4 a **Mejorar el estilo:** Durante tus prácticas en la Oficina de Turismo en Madrid preparas un texto para un folleto turístico. Utiliza la forma correcta de cuyo para unir las frases. ► Gramática 2.3

1. La Casa de la Panadería se encuentra en la plaza Mayor. Su fachada es muy conocida. → *La Casa de la Panadería, cuya fachada es muy conocida, se* ______

2. El Santiago Bernabéu es el estadio del Real Madrid. Su nombre recuerda a un antiguo presidente del club. → ______

3. Casa de Campo es el parque más grande de Madrid. Su superficie es de 1722 hectáreas. → ______

4. El barrio de Salamanca es uno de los lugares más caros para vivir en España. Sus calles son muy anchas. → ______

______

______

5. El barrio de las Letras es un barrio clásico del centro de Madrid. Sus restaurantes son famosos por su buen ambiente.

→ ______

______

b **Utiliza uno de estos pronombres relativos para combinar las frases. Puede haber más de una solución.** ▸ Gramática 2

que	donde	en el cual	en la cual	lo que	en los cuales	de donde

1. En Madrid hay algunas partes del muro de Berlín. Las puedes ver en un parque. → ______

______

______

2. En la Puerta del Sol está «el kilómetro cero». De allí salen las carreteras más importantes del país. → ______

______

______

3. La Real Casa de Correos también está situada en la Puerta del Sol. En esta casa hoy se encuentra el gobierno de la Comunidad de Madrid. → ______

______

4. El restaurante más antiguo de Madrid existe desde el año 1725. En aquel año Felipe V era rey de España. → ______

______

______

5. Esta casa en Alcalá de Henares se encuentra en la calle Mayor. Cervantes nació en esta casa. → ______

______

______

interfoto e.k./PHOTOAISA

Expresión escrita

5 **Elige una de estas dos opciones y escribe un resumen o un e-mail con aprox. 150 palabras:**

a **Vuelve a leer «Madrid *blues*» y resume lo que hacen Edu y Eliza.** ▸ Escribrir un resumen, p. 170

b **En Madrid has conocido a Edu y Eliza. Quieren visitarte. Escribe un e-mail y explícales qué cosas y lugares les quieres mostrar en tu ciudad. Primero deberás volver al texto «Madrid *blues*» y fijarte en qué cosas les interesan a los dos. Mira también las páginas 21–22 de este Cuaderno.**

La lengua en contexto

1 **Completa esta entrada en un blog sobre Lima con los siguientes conectores.**

además (2x) | en cambio | es que | mientras que | por eso | sin embargo | ya que

Lima es la quinta ciudad más grande de Latinoamérica ____________ cuenta con más de 9,5 millones de habitantes. ____________, en los últimos años se ha convertido en una ciudad moderna y en un centro turístico y económico. ____________, mucha gente todavía tiene una imagen algo negativa de la ciudad. ____________ muchos turistas ven en Lima solo una parada necesaria antes de visitar Cuzco o Machu Picchu. Yo, ____________, te recomiendo pasar un día allí. ____________ ¡vale la pena! ____________ en el barrio de Barranco puedes visitar galerías de arte, cafés y tiendas, en el centro histórico de Lima hay que ver la plaza de Armas, la Catedral y el monasterio de San Francisco. ____________, puedes pasear por el malecón[1] frente al Océano Pacífico, el mejor lugar para ver la puesta del sol.

1 **el malecón** der Uferweg

2 **Reescribe este texto sobre Pachacámac utilizando la voz pasiva en pasado.** ▸ Gramática 17

Hace 3000 años, la cultura lima construyó Pachacamac, un centro religioso. Cada año miles de peregrinos lo visitaban. Luego, hace unos 1500 años, las culturas maranga y lima ocuparon la región de la capital actual. En el siglo VII, la cultura huari conquistó estos lugares. Después de la llegada de los conquistadores españoles, los indígenas abandonaron Pachacámac. En 2016 abrieron el nuevo museo de Pachacámac. Tres años más tarde ya lo visitaron unas 14.000 personas.

Hace 3000 años, Pachacamac, un centro religioso, fue construido por ____________

____

____

____

____

____

____

3 **La voz pasiva se suele evitar. Reescribe el texto sobre Perú con la pasiva refleja.** ▸ Gramática 18

1. Perú es un estado democrático cuyo jefe de gobierno es elegido cada cinco años. → *Perú es un estado democrático cuyo jefe de gobierno se elige* ____________
2. En Perú son habladas 48 lenguas, entre ellas el quechua y el aimara. → ____________

   ____
3. Ya desde hace miles de años, en los Andes es cultivada la patata o papa. → ____________

   ____

4. Desde Perú son exportados productos agrícolas, textiles y químicos. → ______________________________

____

5. El país tiene una naturaleza muy variada. El primer parque nacional fue creado ya en 1961. → ______________________________

____

6. El turismo es muy importante y la infraestructura turística es ampliada continuamente. → ______________________________

____

Comprensión auditiva

4 a Escucha el reportaje «¿Dónde en Perú se vive mejor?» y completa el resumen. ▸ Comprensión global, p. 163

Mucha gente se muda del ______________ a las grandes ciudades porque espera tener más ______________ de vida: un trabajo bien pagado, mejores servicios de ______________ y de ______________. Sin embargo, la vida en Lima es muy ______________ y hay mucha ______________. En el campo se vive más ______________ y, con una buena conexión a ______________, el trabajo no es ningún problema.

b Vuelve a escuchar y elige la respuesta correcta. ▸ Comprensión detallada, p. 163

Lima, barrio de Miraflores

stock.adobe.com/Paolo

1. Según la ONU, en 2050 el 70 % de las personas...
   - a. ☐ vivirá en ciudades.
   - b. ☐ ya hoy vive en ciudades.
   - c. ☐ vivirá en megaciudades.

2. En Lima, con diez millones de habitantes, vive...
   - a. ☐ la mitad de los peruanos.
   - b. ☐ un tercio de los peruanos.
   - c. ☐ una cuarta parte de los peruanos.

3. Marco se mudó a Lima porque...
   - a. ☐ su novia ya vivía y trabajaba en Lima.
   - b. ☐ buscaba un trabajo con un buen sueldo.
   - c. ☐ no había servicios básicos en su pueblo.

4 La vida en Lima es más cara, pero...
   - a. ☐ hay mejor educación para su hijo.
   - b. ☐ el agua y la salud allí son más baratas.
   - c. ☐ para él es importante tener acceso a todo.

5. Natalia...
   - a. ☐ encontró un buen trabajo en Lima.
   - b. ☐ quiere encontrar un buen trabajo en Lima.
   - c. ☐ ve también las desventajas de la vida en Lima.

6. En Arequipa, ...
   - a. ☐ Natalia se siente muy bien.
   - b. ☐ Natalia va a terminar sus estudios.
   - c. ☐ echa de menos la gran oferta cultural.

7. Paula antes...
   - a. ☐ disfrutaba de la vida en Lima.
   - b. ☐ tenía un trabajo en la capital.
   - c. ☐ trabajaba en una oficina en la sierra.

8. Paula ahora...
   - a. ☐ echa de menos a Lima.
   - b. ☐ trabaja en su propia empresa.
   - c. ☐ vende productos a precios bajos.

Comprensión lectora

1 a **Lee el artículo sobre Pontevedra en el libro (pp. 84–85), elige un subtítulo para cada párrafo del texto y apunta el número (1–6). Sobran dos subtítulos.**

A El problema: el comercio en línea	☐	**E** Lo que piensan los comerciantes	☐
B Ecológico y saludable	☐	**F** En el centro, caminar es lo mejor	☐
C El tráfico en el centro	☐	**G** Los peatones ganan espacio	☐
D Un inicio difícil	☐	**H** Los peatones ocupan las calles	☐

b **Decide si la frase es correcta o falsa, indica las líneas del texto con la información y corrige las frases falsas.**

	V	F
1. En un 75 % del centro de Pontevedra está prohibido utilizar el coche. (ll. 10–12)	☐	☐
2. En el centro de Pontevedra se permite aparcar el coche solo por un cuarto de hora. (ll. ________)	☐	☐
3. La situación actual no ha cambiado. Mucha gente pide terminar con las limitaciones. (ll. ________)	☐	☐
4. El gobierno devolvió 1,3 millones de euros a los habitantes. (ll. ________)	☐	☐
5. Hoy hay menos atascos y el número de habitantes ha aumentado. (ll. ________)	☐	☐
6. El ayuntamiento acepta el transporte individual solo en pocas ocasiones. (ll. ________)	☐	☐
7. La calidad del aire en Pontevedra ha mejorado bastante. (ll. ________)	☐	☐

____

____

____

La lengua en contexto

2 a **Después de la decisión del ayuntamiento de transformar su modelo de movilidad, los pontevedreses sueñan con un futuro mejor. Utiliza el futuro simple para completar lo que dicen.** ▸ Gramática 5

Clara: ________________ (*vivir* / nosotros) en una ciudad más sana: ________________ (*haber*) menos contaminación.

Chema: Mis hijos ________________ (*poder*) jugar en la calle y yo no ________________ (*tener*) que preocuparme tanto ________________ (*estar*) más tranquilo.

Juan: Gracias a la reducción del tráfico en la ciudad, ________________ (*mejorar*) el ambiente en el centro y nosotros ________________ (*ir*) más a pie o en bici. Seguro que también ________________ (*abrir*) más cafés y tiendas.

Estrela: A la mayoría le ________________ (*gustar*) el cambio, pero algunas personas ________________ (*criticar*) esta decisión, estoy segura.

Tomás: En mi opinión, con los cambios del tráfico individual, ________________ (*ser*) necesario mejorar el transporte público. Pero también ________________ (*crearse*) muchos carriles para bicicletas.

Lurdes: Estoy contenta, gracias a los cambios ________________ (*caminar*) más tranquila por mi ciudad.

b **Pero los habitantes de Pontevedra también piensan en lo que habrá pasado hasta el año 2040. Completa sus afirmaciones con el futuro compuesto.** ▸ Gramática 6

Nacho: En 2040 ________________ (*desaparecer*) los coches. La gente iré casi siempre a pie.

Xosé: Para entonces los habitantes ________________ (*acostumbrarse*) a vivir sin coche.

Aleixo: En 2040 la ciudad será más verde porque ________________ (*plantarse*) muchos árboles.

Sofía: Habrá más lugares para tomar algo ya que ________________ (*abrirse*) nuevos bares.

Fernán: Más gente irá en transporte público porque ________________ (*poner*/ellos) más buses.

3 a **Antes de introducir el modelo de las supermanzanas en Barcelona, el ayuntamiento habló con los habitantes para averiguar qué pensaban de este proyecto. Completa las frases con el presente de subjuntivo.** ▸ Gramática 10

Ana: Quiero vivir en una ciudad en la que mis hijos ________________ (*poder*) jugar en la calle.

Cesc: Me parece muy importante vivir en un lugar donde ________________ (*haber*) acceso al transporte público.

Jordi: Hay que crear espacios que nos ________________ (*permitir*) encontrarnos con los vecinos.

Sofía: ¡Necesitamos una supermanzana que ________________ (*mejorar*) nuestra vida y ________________ (*reducir*) tanto el tráfico como la contaminación!

Andrés: Mira, quiero vivir en paz, así que necesito un piso que ________________ (*ser*) tranquilo y que ________________ (*estar*) lejos del ruido del tráfico.

b Completa con el **presente de subjuntivo** o el **presente de indicativo**. ▸ Gramática 10

Joan: Me parece genial para los que ________________ (*tener*) su piso en la supermanzana. No me gustaría vivir en un piso que ________________ (*estar*) en una zona donde todo el tráfico pasa enfrente de tu casa.

Alba: No creo que ________________ (*ser*) muy realista que esas supermanzanas ________________ (*mejorar*) la vida en la ciudad. Lo que hace falta es un transporte público que nos ________________ (*permitir*) movernos.

David: Pues, ahora no ________________ (*poder*) hacer fiestas en la calle. Sueño con una ciudad donde eso ________________ (*ser*) posible: con espacios donde la gente ________________ (*poder*) ser libre.

La lengua en contexto y competencia digital

4 **Busca las siguientes palabras en el diccionario en línea de la RAE y completa con palabras de la misma familia.**
▸ Utilizar un diccionario, p. 181

desplazarse → sustantivo(s): ________________

el aparcamiento → un verbo: ________________

moverse → sustantivo(s): ________________

la salud → un adjetivo: ________________

el acceso → un verbo: ________________

la prioridad → un adjetivo: ________________

Mediación

5 a Gemeinsam mit einer spanischen Schule nimmt Ihre Schule an einem „Erasmus+"-Projekt zur Stadtentwicklung teil. Auf der Webseite des Projekts stehen deutsche und spanische Städte mit ihren jeweiligen Ansätzen im Fokus. Schreiben Sie mithilfe dieses Zeitungsartikels einen Beitrag (ca. 200 Wörter) über das Freiburger Stadtviertel Vauban und erklären Sie, wie dort der Verkehr reduziert wurde und welche Auswirkungen das hat. Markieren Sie zuerst die dafür wichtigen Informationen im Text. ▸ Expresar el contenido en el otro idioma, p. 173

Militärstützpunkt der Franzosen | Abzug der Soldaten | Zweier-WG | Wagenburg

b Überlegen Sie, welche dieser kulturellen Aspekte Sie dem spanischen Lesepublikum erläutern müssen. Recherchieren Sie ggf. dazu. Machen Sie sich Notizen und schreiben Sie dann Ihren Beitrag.

Spielstraßen statt Parkplätze: Ganz ohne Autos geht es auch im ökologischen Musterviertel nicht

Von Steve Przybilla

„Die Vauban", wie sie in Freiburg sagen, ist ein ökologisches Vorzeigeprojekt. Jahrzehntelang diente das 34 Hektar große Areal als Militärstützpunkt der Franzosen (die Kaserne, daher die Vauban). Nachdem die Soldaten 1992 abgezogen waren, setzte sich für die Nachnutzung eine Idee durch, die aus damaliger Sicht revolutionär war (und in vielen Teilen immer noch ist). Auf dem Kasernengelände sollte ein Stadtteil entstehen, der komplett nachhaltig ist: kompakte, gut gedämmte Häuser; kurze Wege, viele Spielstraßen. Und: keine Autos.

Tatsächlich ist es zwischen den Wohnhäusern angenehm ruhig. Im Minutentakt rollen Fahrräder über den Asphalt, viele davon mit Anhängern oder Kindersitzen. Über die Nebenstraßen rattern Kinder mit ihren Bobbycars, während 100 Meter weiter, in einem abgezäunten Bereich, ein paar Hühner gackern. Verbrennungsmotoren sind nicht zu hören, allenfalls das Bimmeln der Straßenbahn.

Trotzdem: Ganz so, wie es sich ein Teil der Bürgerschaft wünschte, kam es am Ende nicht. Zwar wurde Freiburg-Vauban als „autoreduzierter" Stadtteil konzipiert. Gänzlich verboten ist der Individualverkehr aber auch im Öko-Quartier nicht. „Das wäre rechtlich extrem kompliziert geworden", erklärt Roland Veith. Der 69-jährige Freiburger, inzwischen pensioniert, gilt als Vater der Vauban. Als Projektleiter setzte er alle Beschlüsse um, auf die sich Stadträte, Bürger-Initiativen und Architekten nach jahrelangen Diskussionen geeinigt hatten.

Veith selbst wohnt nicht in Vauban. Aber auch heute noch kommt er regelmäßig dorthin, um internationale Besucher durch das Vorzeigeviertel zu führen (zum Interview kommt er mit dem Auto). Die bunten Häuser, der belebte Marktplatz, die vielen Kinder, die auf den Straßen spielen: Vauban ist nach wie vor ein Aushängeschild. Im Viertel selbst gilt ein Tempolimit von 30 km/h. Vor vielen Häusern gibt es absichtlich keine Parkplätze: Anwohner sollen ihr Auto (sofern sie eins besitzen) in einer der beiden „Quartiersgaragen" parken.

Beim Rundgang mit Roland Veith fällt auf, dass sich die meisten an diese Vorgaben halten. Doch es gibt Ausnahmen: In einer Nebenstraße parkt ein VW Polo direkt vor der Haustür, dahinter ein 5er-BMW mit zugefrorenen Scheiben. „Der steht nicht nur zum Ausladen hier", schlussfolgert Veith – eine Ordnungswidrigkeit in Vauban. „Am Anfang gab es wegen solcher Dinge noch häufig Streit", erinnert sich Veith. „Da sind verärgerte Nachbarn auch schon mal über Autos gelaufen."

Am alternativsten sehen noch die bunt bemalten Häuser und Wohnwägen der „Susi" (selbstorganisierte unabhängige Siedlungsalternative) aus. Ansonsten: bürgerliche Ruhe. Es gibt einen Supermarkt, eine Grundschule und ein Hotel, in dem Menschen mit Behinderung arbeiten. Was auf den ersten Blick vorbildlich klingt, hatte vor einigen Jahren noch zu Konflikten geführt. Damit das Hotel gebaut werden konnte, musste 2011 eine Wagenburg weichen, die auf dem Gelände stand. Am Ende brannten Barrikaden – die Polizei löste die Wagenburg auf. Ob die Räumung gerechtfertigt war, wurde auch innerhalb der Vauban-Bevölkerung leidenschaftlich diskutiert.

Auf dem Marktplatz dreht Monika Kerner eine Runde mit ihrem Rad. Die 53-Jährige lebt mit einer Freundin in einer Zweier-WG. „Als ich hierhergezogen bin, hatte ich am Anfang auch noch ein Auto", gibt sie zu. „Ich brauchte es beruflich, und die Nachbarn haben das toleriert." Trotzdem habe sie immer ein schlechtes Gewissen gehabt. „Inzwischen besitze ich keins mehr und bin damit total zufrieden. In einer Großstadt ein Auto zu haben, ist doch völlig sinnfrei."

In der Tat: Der öffentliche Nahverkehr in Vauban ist extrem gut ausgebaut: Während sonst in Baden-Württemberg in vielen Dörfern nur einmal pro Stunde der Bus hält (wenn überhaupt), haben die Anwohner des Öko-Stadtteils fast schon die Qual der Wahl: Zwei städtische Busse, eine Regionalbuslinie und eine Straßenbahn erschließen das Viertel, in dem knapp 5600 Personen leben. Hinzu kommen Carsharing-Fahrzeuge, die für spontane Erledigungen zur Verfügung stehen.

Fuente: Aachener Nachrichten (2019)*, ca. 600 Wörter

Comprensión lectora

1 Lee los tres microcuentos de abajo y resume cada uno en una frase. ► Comprensión global, p. 164

2 Indica qué aspectos de la vida en la ciudad mencionan los autores.

3 Imagina que tú eres la persona que viajó con la narradora del cuento «Fugacidad». Explícale en 100 palabras por qué no hablaste con ella y reacciona a sus propuestas.

Medellín: una selva de concreto

Tal vez has oído hablar de la selva ecuatorial, la selva amazónica, o la selva Erawan, pero te apuesto a que no habías oído hablar de la selva de concreto. Pues bien, este ecosistema es muy especial porque tú y yo vivimos y disfrutamos de él; pasando por sus grandes calles y avenidas como gacelas, devorando sus platos típicos como leones y refrescándonos como cocodrilos en sus humedales. Como en todos los ecosistemas hay depredadores, pero estos no se pelean por alimento, sino por un puesto en el metro y un espacio para respirar en el tranvía.

Fuente: Jerónimo Úsuga, 13 años, Medellín en 100 palabras (2019)

Cinco minutos de fama

Cuando Bogotá comenzó a crecer como un pulpo hacia los cerros nosotros ni siquiera sabíamos nada de barrios ilegales. Unos años después, la loma se llenó de calles y postes de electricidad. Un tiempo más tarde, ya no éramos campesinos sino ciudadanos. Ahora están haciendo unos apartamentos que no dejan ver la ciudad. Hace algunos días vinieron a pintarnos las fachadas de las casas con colores chillones, y una gente de la televisora nos visitó y nos hizo una entrevista. Cuando llueve bajan muertos, ratas y mierda. Nadie dijo nada. Subimos al mirador y dijimos: ¡Qué bonita es Bogotá!

Fuente: Zeuxis Vargas Álvarez, 35 años, Bogotá en 100 palabras (2017)

Fugacidad

Subiste en Universidades, ¿casualidad? No llevabas prisa y te dejabas llevar por el viento. Calle 26 y cruzamos miradas, el corazón se aceleró y sonreíste, ¿qué sucedería si no fuéramos tan cobardes? Luego Av. 39, le pido al cielo que no termine, me miras como si no lo notara, tarareas una vieja canción. Calle 57, ¿visitaríamos el Jorge Eliécer Gaitán para un concierto? Calle 72, ¿tomaríamos vino en el Chorro? Te pediría que nos quedáramos a escuchar cuenteros. Calle 76, ¿saldríamos a ciclovía los domingos?, ¿haríamos el septimazo hasta la Plaza? Incierto. Bajé en Héroes, tu sonrisa bajó conmigo.

Fuente: Juliana Ruiz, 16 años, Bogotá en 100 palabras (2019)

2 **la selva** el bosque
5 **el concreto** der Beton
8 **devorar** verschlingen
10 **el humedal** das Feuchtgebiet
11 **el depredador** das Raubtier

3 **el cerro** der Hügel
5 **la loma** der Berg
10 **el color chillón** die grelle Farbe

4 **acelerar** *hier:* schneller schlagen
5 **el cobarde** der Feigling
7 **tararear** trällern
8 **Jorge Eliécer Gaitán** un centro cultural
10 **el Chorro** un café
11 **el cuentero** der Geschichtenerzähler
12 **la ciclovía** el camino para bicis
12 **el septimazo** una famosa calle en Bogotá

Expresión oral

4 a Elige el microcuento que más te guste. Léelo un par de veces para ti mismo y luego léelo en voz alta. Prueba leerlo de varias maneras y decide qué versión prefieres.

b Presenta tu versión del microcuento a un/a compañero/-a y escucha cómo lee él/ella. Comentad vuestras versiones.

1. Lee el texto varias veces para prepararte.
2. Identifica las palabras más importantes en cada frase.
3. Da expresividad a tu voz.
4. Imagínate al / a la narrador/a del microcuento.
5. Identifica la frase más importante del cuento y léela con énfasis.
6. Grábate con el móvil y escucha tu voz.

Comprensión, análisis y comentario

5 **a** **Antes de leer:** Mira la foto y lee el título de la canción. Apunta hipótesis sobre el contenido de la canción y el estilo de la música. ¿Cuál será el mensaje de la canción? ▶ Textos líricos, p. 175

Caracas, capital de Venezuela

stock.adobe.com/Kien Hung/Eagle

b Lee la letra de la canción «Mi ciudad perdida» de la cantante venezolana Nella. Marca la estrofa que más te llama la atención y justifica tu decisión.

Mi ciudad perdida

Ciudades de arena y piedra
Paraísos de cemento
Tan rápidos desde fuera
Tan inmóviles por dentro

Ciudades de lluvia y cristal
Y de ejércitos cantando
Que no saben ni a dónde van
Pero siguen caminando

Ciudades que aún no tienen nombre
Construyeron ya su muro
Vanidades de algún hombre
Para alimentar su orgullo

Ciudades sin corazón
Y con el alma de acero
Estas ciudades no son
Como las de José Alfredo

Pero yo,
Yo te tengo a ti
Eres mi ciudad perdida
Donde el cielo es de carmín
Y tu cuerpo es mi avenida
En la esquina de tu boca
Donde te encuentro bailando
Yo me quedo para siempre
Enredada entre tus labios

Ciudades de papel verde
Edificios infinitos
Números van y vienen
Siempre más pobres que ricos

Ciudades sin plaza vieja
Ni mercadillo, ni fuente
Siempre una experiencia nueva
Nunca con la misma gente

Fuente: casa limón música

7 **el ejército** die Armee 12 **la vanidad** die Eitelkeit 13 **el orgullo** der Stolz 15 **el alma de acero** die Seele aus Stahl
21 **carmín** rojo 26 **enredado/-a** verschlungen

6 Busca la canción en Internet y escúchala. Explica por qué (no) te gusta.

7 Compara tus apuntes de 5a con la letra y el estilo de la canción. ¿En qué coinciden? ¿En qué se diferencian?

8 Explica si un microcuento o una canción es mejor para hablar de una ciudad. Justifica tu respuesta (aprox. 150 palabras). ▶ Escribir un comentario personal, p. 170

1 **Los pronombres relativos: Completa las recomendaciones para una visita en Madrid con los pronombres relativos correspondientes.** ▶ Gramática 2

que	donde	el cual	la cual	la que	lo que (2 x)	los que

¿Te vas de viaje a Madrid y no sabes qué es ____________________ deberías hacer? No es una pregunta por ____________________ tienes que preocuparte: ¡Hay tantas cosas que hacer!

Cuando vayas a Madrid, puedes empezar por hacer ____________________ hacen muchas personas: comer un bocadillo de calamares en la plaza Mayor ____________________ es uno de los lugares más emblemáticos de la ciudad. También deberías ir al estadio Bernabéu ____________________ juega el Real Madrid. El Museo del Prado, en ____________________ puedes ver obras de Picasso y Goya, siempre merece una visita. A los madrileños, con ____________________ te vas a llevar muy bien, les gusta mucho su ciudad, ____________________, según los «gatos» –como llaman a sus habitantes–, es la ciudad más bonita del mundo.

2 **La voz pasiva: Reescribe el texto sobre Lima utilizando la voz pasiva en pasado o presente.**

Francisco Pizarro fundó «La ciudad de los Reyes» en 1535. Más tarde, su nombre cambió a «Lima» y se hizo capital de Perú. Un terremoto destruyó muchos edificios en el año 1687. El 15 de julio de 1821, proclamaron en Lima la independencia de Perú. Durante la guerra del Pacífico, a finales del s. XIX, soldados chilenos ocuparon la capital peruana. A principios del s. XX se planeó la ampliación de la ciudad. En los años 70, el suizo Oliver Perrottet dibujó el primer mapa de transportes de Lima. Actualmente, turistas de todo el mundo visitan la ciudad.

«La ciudad de los Reyes» fue fundada por ____________________

____

____

____

____

____

3 **Presente de subjuntivo o presente de indicativo: El ayuntamiento de Lima ha preguntado a los habitantes en qué tipo de ciudad quieren vivir. Completa las respuestas con el verbo en indicativo o subjuntivo.**

Juan: Mi hijo quiere que Lima ____________________ (*ser*) verde y que le ____________________ (*ofrecer*) más espacio para jugar.

Marcos: Nosotros soñamos con una ciudad donde ____________________ (*poder*) respirar aire limpio.

Silvia: Lo que pasa es que ____________________ (*haber*) mucha contaminación. Sería fantástico vivir en una ciudad que no ____________________ (*estar*) tan llena de autos y donde ____________________ (*hacer*) menos ruido.

Sofía: Ando en bicicleta y lo que necesito son calles que me ____________________ (*permitir*) ir sin miedo. Todavía hay demasiadas calles que no ____________________ (*tener*) espacio para los ciclistas.

La lengua en contexto

1 a **Lee el primer párrafo del artículo de la periodista alemana Julia Fischer, publicado en un periódico español. Subraya los verbos: verde para el pretérito perfecto, azul para el pretérito indefinido, rojo para el pretérito imperfecto y negro para el pluscuamperfecto.** ► Gramática 4

Vida nueva en pueblos viejos

En 2022 volví a España, investigando para un reportaje sobre el éxodo rural. Entre 1998 y 2021 ya había estado varias veces en España –en Madrid, San Sebastián y Alicante–, pero esta vez mi camino me llevó al campo, a los pueblos de Extremadura. Creía que conocía la vida en España porque ya había vivido tanto tiempo allí, pero de alguna manera no estaba preparada para los cambios que había sufrido el país durante los años de crisis. Algunos pueblos que visité en 2022 estaban desiertos y, según me dijo uno de los pocos habitantes de un lugar en el cual todavía vivía gente, la mayoría de los jóvenes dejaba los pueblos porque allí ya no había nada: ni supermercado, ni médico, ni bar.

Este año por fin he podido terminar el reportaje que aquí presento a mis lectores en España.

3 **el éxodo rural** die Landflucht

b **Piensa por qué en cada caso se usa un determinado tiempo verbal. Habla con tu compañero/-a.**

✓ Pretérito Imperfecto: para describir situaciones y costumbres
Pretérito indefinido: para hablar de acciones o eventos
Pretérito perfecto: para hablar de eventos con efectos sobre el presente
Pretérito pluscuamperfecto: para hablar de eventos o acciones ya pasados cuando sucedió algo nuevo

2 a **El artículo de la periodista sigue. Subraya el tiempo verbal correcto. Luego sigue leyendo y completa con la forma correcta del verbo.** ► Gramática 4

mauritius images / alamy stock photo / davide bonaldo

Al principio **fue / había sido** muy duro para mí ver todos esos pueblos vacíos donde ya no **vivía/vivió** nadie. Las calles y las casas **estaban / estuvieron** vacías, algunas casas ya **se habían derrumbado / se derrumbaban**[1] muchos años antes.

Con el tiempo me **acostumbré / acostumbraba** a esta tristeza, hasta que **había empezado / empecé** a gozar de esta atmósfera especial que **había / hubo** en algunos de ellos: el silencio, la lenta reconquista[2] del pueblo por la naturaleza, los animales que **volvieron / volvían** al lugar.

1 **derrumbarse** einstürzen 2 **la reconquista** die Rückeroberung

Sin embargo, yo siempre __________ (*tener*) la esperanza de encontrar un pueblo diferente. __________ (*querer* / yo) entrar a un pueblo lleno de vida. Y, después de muchos viajes, lo __________ (*descubrir*). __________ (*ser*) el 6 de diciembre, el Día de la Constitución. __________ (*llegar* / yo) a ese pueblo y ya desde la carretera __________ (*darse* / yo) cuenta de que __________ (*ser*) diferente: __________ (*haber*) dos bares, una iglesia, un pequeño supermercado y ¡hasta una librería! __________ (*preguntar* / yo) a dos hombres de unos 30 años si __________ (*vivir*) allí o si solo __________ (*estar*) de visita. Me __________ (*responder*) que durante unos años __________ (*vivir*) en la gran ciudad, pero que esta vida no les

____________________ (*gustar*) y que, por eso, en 2021, ____________________ (*venir*) al pueblo. Tomás y Benjamín ____________________ (*querer*) seguir con su trabajo, pero viviendo fuera de la ciudad. ____________________ (*lograr*) su meta gracias a una buena conexión de Internet que les ____________________ (*permitir*) trabajar desde casa. Me ____________________ (*contar*) que ____________________ (*estar*) muy felices con su decisión de haberse mudado al pueblo.

b **La periodista sigue contando del pueblo de Tomás y Benjamín. Completa con la forma correcta del verbo: pretérito perfecto, pretérito indefinido, pretérito imperfecto y pretérito pluscuamperfecto.** ► Gramática 4

Tomás y Benjamín ya ____________________ (*llevar*) varios años viviendo y trabajando en una gran ciudad cuando tanto Tomás y su mujer ____________________ (*decidir*) dejar la ciudad como Benjamín. En el momento de buscar un lugar, los dos ____________________ (*concentrarse*) en tres aspectos: la conexión de Internet, la posibilidad de renovar una casa de manera ecológica y la distancia a la ciudad en coche porque sus parejas no ____________________ (*poder*) trabajar desde sus casas. Al final ____________________ (*encontrar*) dos casas cuyos dueños ____________________ (*querer*) vender a buen precio, en un pueblo no tan aislado y donde tres años antes ya se ____________________ (*instalar*) una red de fibra óptica[1] gracias a la iniciativa de los habitantes. El alcalde ____________________ (*saber*) que, sin Internet, su pueblo ____________________ (*ir*) a perder más y más habitantes. Así que ____________________ (*apoyar*) a la gente y juntos ____________________ (*lograr*) tanto la conexión a Internet como un transporte público regular que ofrece conexiones a la ciudad.

stock.adobe.com / Ray

____________________ (*tener / yo*) la oportunidad de hablar con Tomás y su mujer, Luisa. Es ella que me ____________________ (*decir*): «Cuando Tomás me ____________________ (*contar*) por primera vez de la idea de irse al pueblo, no ____________________ (*estar / yo*) nada segura de tomar la decisión correcta. Desde entonces, las cosas ____________________ (*ir*) mejorando casi cada día: Cuando ____________________ (*llegar / nosotros*) al pueblo, solo ____________________ (*haber*) tres chicos en edad escolar. Pero este año ya ____________________ (*venir*) cinco familias más y ahora ya son diez chicos entre 5 y 8 años. Con venir al pueblo ____________________ (*ganar / nosotros*) muchísima calidad de vida. Estamos muy contentos y nunca ____________________ (*arrepentirse*) de nuestra decisión.»

1 **la fibra óptica** die Glasfaser

Comprensión lectora

1 a **Explica de qué manera hablan las personas sobre las fiestas en el texto «¿Por qué nos gustan las fiestas populares?» (Libro, pp. 100–101).**

Natalia	*hablar* sobre el tema de una manera muy/bastante positiva/negativa/[...]
Asier	*expresarse* a favor / en contra de...
Patricia	*hacer* comentarios (muy) críticos / *comentar* el tema de forma crítica/neutral/[...].
Tamara	(no) *tener* una opinión clara / *ver* ventajas e inconvenientes
Enrique	

b **Relaciona las afirmaciones con las personas. Sobran dos frases que no puedes relacionar con nadie.**

1. Los Sanfermines le parecen muy brutales. → ____________________
2. Disfruta de la oferta gastronómica. → ____________________
3. Participa activamente en la fiesta. → ____________________
4. Para él/ella las fiestas son una buena fuente de ingresos. → ____________________
5. Piensa que en las fiestas hay demasiada gente y se produce demasiada basura. → ____________________
6. Para él/ella es importante prepararse físicamente para salir bien en los selfis. → ____________________
7. No cree que correr delante del toro sea demasiado peligroso. → ____________________
8. No le gusta cómo ha cambiado la fiesta en los últimos años. → ____________________
9. Le gustaría dejar la tranquilidad del pueblo e ir a vivir a Pamplona. → ____________________
10. Disfruta de las atracciones de la feria, pero no de las corridas de toros. → ____________________

Expresión escrita

2 **Tu compañera española de intercambio te invita a pasar unos días en Pamplona durante los Sanfermines. Escríbele un e-mail (aprox. 200 palabras) para darle las gracias por la invitación y explicarle qué piensas de esas fiestas. Justifica por qué (no) te gustaría participar. Las páginas 21–22 de este Cuaderno te ayudan.**

La lengua en contexto

3 **Vocabulario: Elige por lo menos cinco actividades que te gustaría hacer en una fiesta y explica por qué. Puedes añadir otras actividades.**

lanzar	un cohete
compartir	comida y bebida / [...]
sentirse	unidos [...]
pasárselo bien	ropa típica [...]
disfrutar de	un paseo
llevar	fotos / un selfi
subir a	canciones tradicionales
mirar	juntos / en la fiesta / en la plaza
dar	la noria / el tiovivo / las atracciones [...]
sacar(se)	[de] la fiesta / de la música / [con] los amigos [...]
bailar	la fiesta / los encierros / el baile / los fuegos
cantar	artificiales [...]
participar en	

Una fiesta popular en Cataluña

4 a **Las corridas han dejado muchas expresiones en la lengua cotidiana. Relaciona los dibujos con las explicaciones.**

> ✓ Der Stierkampf ist in Spanien umstritten, doch egal ob man ihn gut findet oder ablehnt, Ausdrücke und Redewendungen aus der Welt des Stierkampfs gehören zur spanischen Sprache. Auch im Deutschen gibt es dieses Phänomen: Niemand lebt mehr in der Ritterzeit, und doch sprechen wir davon, „eine Lanze zu brechen“ oder „auf dem hohen Ross zu sitzen“.

- ☐ un trabajo duro
- ☐ hacer lo que uno quiere, sin dudar
- ☐ tener mucho éxito
- ☐ no evitar el trabajo, sino enfrentarlo sin miedo
- ☐ estar triste y sin ganas de hacer nada
- ☐ no escuchar cuando se trata de hacer un trabajo

1

2

3

4

5

6

b **Relaciona cada expresión del mundo de los toros con el dibujo correspondiente.** ► Utilizar un diccionario, p. 181

- ☐ escurrir el bulto
- ☐ salir por la puerta grande
- ☐ ponerse el mundo por montera
- ☐ coger el toro por los cuernos
- ☐ menuda faena
- ☐ estar de capa caída

Mediación y competencia intercultural

5 Después de haber pasado unos días en Ratisbona, tu amiga española ha vuelto a España. En un e-mail te hace preguntas. Has encontrado este artículo sobre trajes típicos y tatuajes. Contéstale en un e-mail (aprox. 200 palabras).

► Atender a las diferencias culturales, p. 173

Hola, amiga: acabo de volver de Ratisbona a Valladolid. He visto que en Baviera tenéis un montón de fiestas tradicionales –¡me encantó el baile en la plaza!– antes pensaba que los alemanes no eran muy de fiestas ;-). ¿Por qué hay tantas? Además, me ha llamado la atención que en las fiestas muchos jóvenes lleven ropa tradicional. ¿Llevan la misma ropa que sus padres?¿No ha cambiado nada en Baviera en el último siglo? Además, ¿no es supercara esa ropa?
Un abrazo, Sara

Tracht und Tattoos

Eine veränderte Festkultur, neue Bräuche und die Begeisterung für Trachtenmode – Heimatpfleger Tobias Appl beobachtet die Trends auf Volksfesten.

Interview von Hans Kratzer

SZ: Hunderttausende tummeln sich diese Woche wieder auf dem Straubinger Gäubodenvolksfest. Wer am Sonntag über den Festplatz gebummelt ist, den beschlich allerdings das Gefühl, dass die Trachtenquote bei den Gästen nicht mehr wie bisher bei fast 100 Prozent liegt. Viele waren in Jeans und T-Shirt gekleidet. Geht die Ära des Volksfest-Trachten-Hypes langsam zu Ende?

Tobias Appl: Manche Beobachter prophezeien schon seit längerem, dass diese Welle wieder abebben wird. In Regensburg habe ich das aber zuletzt nicht festgestellt. Die vielen jungen Leute, die sich am Wochenende mit den öffentlichen Verkehrsmitteln auf den Weg nach Straubing machten, waren fast ausnahmslos in Tracht gekleidet. Jeansträger waren dort nirgendwo zu sehen.

Ist die Tracht zu einer Kleidung für alle Generationen geworden? Gibt es keine Abgrenzung mehr? Ein Einheitsgewand wäre ja früher undenkbar gewesen.

Bei den 16- bis 20-Jährigen, die solche Feste besuchen, ist die Tracht tatsächlich fast die Einheitskleidung, während ihre Eltern nicht selten in Jeans und AC/DC-Shirt daneben stehen. Dass sich die Generationen äußerlich voneinander abgrenzen, war eigentlich immer der Fall, vor allem, was die Kleidung betrifft.

Auch die Festkultur scheint sich zu verändern. In der Oberpfalz gibt es plötzlich so viele Kirwafeiern wie noch nie.

Das ist richtig, von April bis Oktober ist fast jedes Wochenende zwischen Regensburg und Tirschenreuth irgendwo eine Kirwafeier. In den 80er Jahren ging das richtig los. Wir beobachten das Phänomen, dass Kirwafeiern plötzlich auch dort ausgerichtet werden, wo es früher gar kein historisches Kirchweihfest gab und sogar dort, wo oft nicht einmal eine Kirche steht.

Woher kommt die Lust am Feiern?

Im Grunde genommen feiern die jungen Leute sich und die bayerische Tradition, sie kleiden sich entsprechend und genießen Party, Bier und das Anbandeln. Und man gehört einfach dazu. Es werden sogar wieder Tanzkurse angeboten, weil das Tanzen um den Kirwabaam heute zu dieser Tradition einfach dazugehört.

Erleben Sie dieses Phänomen nur in Niederbayern und in der Oberpfalz?

Erstaunlich ist, dass die hiesige Trachtenmode längst über Bayern hinausgeschwappt ist. Wenn man sich auf dem Cannstatter Volksfest auf dem Wasen in Stuttgart umsieht, dann könnten diese Bilder mitsamt den Trachten-Komplettangeboten auch direkt aus dem Straubinger Gäubodenvolksfest stammen.

Wer schiebt solche Entwicklungen an?

Unter anderem die Medien, vor allem die regionalen Fernsehsender, die sind ganz heiß auf solche Veranstaltungen. Es wird dann gerne von altem und wichtigem Brauchtum gesprochen, ohne dass in dieser Gegend eine historische Anknüpfung erkennbar wäre.

Wenig historisch sind aber auch Billigdirndl und windige Lederhosen.

Eine Umfrage auf der Regensburger Dult hat ergeben, dass viele Mädchen mehrere Dirndl besitzen, aber eben preislich günstige Ware. Mit dem Alter wächst dann der Sinn für die authentische Tracht. Wir bieten deshalb Dirndl-Nähkurse an, mit regionaltypischen Schnitten, Formen und Stoffen. Leider können wir die Nachfrage nach solchen Kursen gar nicht befriedigen. Die sind sofort ausgebucht.

Wie werden sich die Volksfestbesucher in zehn oder 20 Jahren gewanden?

Da die Jugend wieder politischer geworden ist, könnte dies bald auch im Kleidungsstil zum Ausdruck kommen. Kleidung könnte künftig stark nachhaltig, biologisch und regional ausgerichtet sein. Diese Kriterien erfüllt gute Trachtenkleidung durchaus.

Und wie passen da die Tätowierungen dazu, ein neues Massenphänomen?

Das Spannende ist, dass das alles problemlos kombiniert wird. Tracht galt lange Zeit als traditionell und konservativ. Jetzt ist beides möglich, Tracht und Tattoos, in allen Gesellschaftsschichten.

Fuente: Süddeutsche Zeitung, (14.08.2019)*, ca. 560 Wörter

Comprensión lectora

1 **Lee el texto otra vez (Libro, pp. 104–105) y completa las frases. Las líneas te ayudan a encontrar las soluciones.**

1. ll. 2–9: Debido a un proyecto de una empresa surgió una discusión en la ciudad de Cáceres porque ______________________________

2. ll. 11–16: En esta región se encuentra la mayor cantidad de litio en España, con la que ______________________________

3. ll. 22–27: Cerca del lugar del proyecto hay ______________________________

4. ll. 41–47: La visión de los representantes de la empresa que impulsa el proyecto es diferente porque ______________________________

5. ll. 55–58: Dicen también que el proyecto no tendría un efecto sobre el paisaje, ya que ______________________________

6. ll. 72–77: A la gente en Cáceres no les convencen los argumentos de la empresa, porque ______________________________

2 **Busca en el texto palabras o expresiones y ordénalas según su campo léxico.**

medio ambiente	economía	administración y población

3 **Busca en Internet otros proyectos en España que podrían poner en peligro el medio ambiente y que provocan protestas. Elige un proyecto y escribe una carta a la empresa o al / a la política responsable expresando tu opinión. Aquí tienes algunas ideas para tu búsqueda.** ► Escribir una carta formal, p. 168; Escribir un comentario personal, p. 170

Estación de esquí[1] en parque nacional

Granja de cerdos[2] contamina el agua

Hotel en zona protegida

Campo de golf consume toda el agua

1 **la estación de esquí** das Skigebiet 2 **la granja de cerdos** der Schweinezuchtbetrieb

Comprensión auditiva

1 a **Antes de escuchar:** Vas a escuchar la segunda parte de la entrevista con María Villarroya (Libro, pp. 108–109). Ella habla sobre las chicas y las Matemáticas. ¿Qué dirá? Formula hipótesis. ► Antes de escuchar, p. 163

____

____

____

____

____

Dra. María Villarroya Gaudo

b Ahora escucha y contesta las preguntas. ► Comprensión selectiva, p. 163

María Villarroya Gaudó, *10001 amigas ingenieras*. Zaragoza, PUZ, 2020, ilustración de Sonia Sanz Escudero.

1. Dice María Villarroya que...

- **a.** ☐ las Matemáticas eran muy fáciles para ella.
- **b.** ☐ de niña tenía una ventaja por ser una chica.
- **c.** ☐ de niña no estaba interesada en las Matemáticas.
- **d.** ☐ su interés por las Mates viene de su padre y su tía.

2. En el estudio lograron mostrar que las chicas sacan malas notas porque...

- **a.** ☐ han perdido el interés en las Matemáticas.
- **b.** ☐ simplemente no entienden las Mates porque son chicas.
- **c.** ☐ piensan que no entienden las Mates y se ponen nerviosas.
- **d.** ☐ tienen miedo a los chicos que están con ellas en las clases.

3. Explica por qué son tan importantes las Matemáticas en el mundo laboral.

____

____

4. Resume en pocas palabras la idea del proyecto «Una ingeniera en cada cole».

____

____

5. Indica la función de los experimentos en el libro, según María Villarroya.

____

____

La lengua en contexto

2 **El estilo indirecto: Estas son algunas frases que dijeron María Villarroya y el periodista en la entrevista. Quieres escribir un artículo sobre ella y pones las citas en estilo indirecto.** ▸ Gramática 14

1. Para empezar, el periodista le preguntó a María: «¿A ti ya te gustaban las Mates cuando eras pequeña?»

   Preguntó si *a María le gustaban* ____________________

2. María respondió: «Mi padre es matemático y tengo una tía matemática.»

   Respondió que ____________________

3. María también explicó: «Hemos hecho estudios sobre el miedo antes de los exámenes de Matemáticas.»

   Explicó ____________________

4. El periodista quiso saber: «¿Cómo se puede salir de este círculo vicioso[1]?»

   Quiso saber ____________________

5. María expuso: «Debemos que tener claro que las Mates son la base de la tecnología.»

   Expuso ____________________

6. María declaró: «Primero debemos hablar del proyecto *Una ingeniera en cada cole,* que iniciamos en el año 2016.»

   Declaró ____________________

7. Finalmente, María contó: «Nos ha venido la idea de hacer un libro del proyecto de las ingenieras.»

   Contó ____________________

1 **el círculo vicioso** der Teufelskreis

3 a **Vocabulario: Lee las siguientes definiciones y apunta la forma correcta de cada profesión. En caso de duda, consulta un diccionario en línea, por ejemplo, el Diccionario de la RAE.** ▸ Utilizar un diccionario, p. 181

1. Persona femenina que ha estudiado Ingeniería: *la ingeniera* ____________________
2. Persona masculina que ha estudiado medicina: ____________________
3. Persona femenina que sabe conducir un avión: ____________________
4. Persona femenina que lucha contra el fuego y ayuda cuando hay accidentes: ____________________
5. Persona masculina que trabaja, por ejemplo, para *El País* o *La Vanguardia*: ____________________

b **Apunta definiciones como en 3a para las siguientes profesiones.**

1. el taxista: *una persona masculina que* ____________________
2. la actriz: ____________________
3. el enfermero: ____________________
4. la fotógrafa: ____________________
5. el capitán: ____________________

Comprensión lectora, análisis y comentario

1 a **Explica estas palabras de Mario en el fragmento de la novela «A través de mis pequeños ojos» (Libro, p. 112, ll. 31–38).**

«Sabes que me gusta ser autónomo para todo. La autonomía es la única manera de luchar contra las barreras, contra todo tipo de barreras. [...] las personas que tenemos una discapacidad si no rompemos, si no derribamos todo aquello que nos protege, no somos nunca libres.»

____

____

b **Explica en tus propias palabras lo que para Mario significa «ser libre».**

____

____

mauritius images / Dani Rodríguez

c **En un foro en Internet, una persona ha colgado esta foto, citando la frase de Mario de arriba. Escribe una respuesta para comentar la frase (aprox. 150 palabras).**

2 a **Antes de leer:** **Explica lo que asocias con «ser distinto/-a». ¿Para ti es algo positivo o negativo? Explica por qué.**

b **El poema «Distinto» de Juan Ramón Jiménez (1881–1958) tiene cuatro partes. Léelo y expón quién habla en cada parte.** ► Textos líricos, p. 175

Distinto

Lo querían matar
los iguales,
porque era distinto.

Si veis un pájaro distinto,
tiradlo;
si veis un monte distinto,
caedlo;
si veis un camino distinto,
cortadlo;
si veis una rosa distinta,
deshojadla;
si veis un río distinto,
cegadlo...
si veis un hombre distinto,
matadlo.

¿Y el sol y la luna
dando en lo distinto?

Altura, olor, largor, frescura, cantar, vivir
distinto
de lo distinto;
lo que seas, que eres
distinto
(monte, camino, rosa, río, pájaro, hombre):
si te descubren los iguales,
huye a mí,
ven a mi ser, mi frente, mi corazón distinto.

Juan Ramón Jiménez El iris mágico – Antología lírica (2006)

8 caer *aquí:* destruir **12 deshojar** sacar las hojas **14 cegar** *aquí:* den Weg versperren **19 el largor** Länge **26 huir** fliehen

c **Explica con referencia al poema por qué el yo lírico se considera «distinto» también.**

Expresión escrita

3 **Déjate inspirar por el poema de Juan R. Jiménez y escribe tu propio poema sobre el tema «ser distinto/-a».**
► Escribir textos creativos, p. 169